DE CONTABLES A POETAS
EN TIEMPOS DE EMPRESAS
DJ

Manuel Sevillano Bueno

DE CONTABLES A POETAS
EN TIEMPOS DE EMPRESAS

Prólogo de Asunción Soriano

Minor
Bonomía

La colección Bonomía tiene un Consejo Científico que lo constituyen personalidades del mundo de la Universidad, la Empresa y la Cultura:

Óscar Emanuele Pérez Angulo
Presidente de Compecer

Gonzalo Sichar Moreno
Director de Última Línea
Director de Asuntos Públicos y Transparencia de Innováetica

Manuel Carneiro Caneda
Director de Bonomía
Secretario General de Innováetica

Fernando Navarro García
Presidente de Innováetica

Marco Delgado Melo
Consejero Nacional de Coparmex
Vicepresidente de Compecer

Dagoberto Lara Marín
Rector de Compecer University

Victor Hugo Malagón Basto
Vicerrector de la Universidad Sergio Arboleda (Colombia)

Eleuterio Rodríguez Castro
Director General y Consejero ejecutivo de Compecer
Ex Sub Director Corporativo de Principal Financial Group y Citibanamex

Ana María Salazar de la Guerra
Directora de Comunicación y Relaciones Institucionales de Innovaética.
Former Senior Adviser UNWOMEN - NY (ONU Mujeres)

Jorge Iván Villalobos Seáñez
Ex diputado al Congreso de la Unión de México
Vicepresidente de Compecer

Gabriel Alonso-Carro y García-Crespo
Vocal de Ética de Innováetica
Ex Jefe de Estudios de la Escuela Diplomática

Zayra Ivette Azaeta Villalobos
Vicepresidente suplente y Consejera de Compecer

Luis Suárez Mariño
Director de la revista *Defensa y Compliance*

Gustavo Mauricio Nuñez Avendaño
Presidente del Comité de Micros y Pequeñas Empresas de Coparmex
Consejero ejecutivo de Compecer

Elena Cifuentes
Jefa de División de RSC y Accesibilidad de la EMT (Madrid)

David Natanael Moreno Bojorquez
Gerente de Expansión y Acreditación de Compecer

David Lafuente
Subdirector del INJUVE

José Luis García Rodríguez
Responsable Editorial de Compecer

Primera edición, noviembre de 2024

© Manuel Sevillano Bueno, 2024

© Diseño de cubierta: www.disecreativo.com

© Última Línea, S.L., 2024
  Juan Cortés Cortés, 3
  29010 Málaga (España)
  www.ultimalinea.es
  editorial@ultimalinea.es

© Compecer, S.C.
  Calle Ortiz De Campos, 1703
  31203, Chihuahua (México)
  www.compecer.com
  hola@compecer.com

 www.facebook.com/EditorialUltimaLinea

 @EdUltimaLinea

ISBN: 978-84-18492-86-0
Depósito legal: MA 2689-2024
THEMA: KJDD, KJD, KJC

Impreso en España — Unión Europea

ÍNDICE

PRESENTACIÓN DE BONOMÍA

Me es muy grato, como presidente del consejo de COMPECER, presentar la colección BONOMÍA, una iniciativa que refleja nuestro profundo compromiso con el conocimiento, la innovación y la sostenibilidad. BONOMÍA no es solo una serie de libros; es la cristalización de un trabajo continuo y apasionado en torno a las temáticas que, hoy más que nunca, definen el futuro de nuestras sociedades.

Compuesta por dos series, MAIOR y MINOR, esta colección está diseñada para ofrecer a instituciones académicas, empresas, organizaciones y entidades una mirada profunda y práctica sobre los temas que, sin duda, que marcan y marcarán el desarrollo de las normativas y certificaciones del mañana. En COMPECER, creemos firmemente que el conocimiento es el pilar sobre el cual se construyen las grandes transformaciones. Por ello, BONOMÍA no solo proporciona una oferta extensa sobre los desafíos y soluciones en materia de sostenibilidad, sino que también está alineada con nuestro propósito de promover un impacto positivo y duradero en el mundo.

Esta colección no sería posible sin la colaboración de la editorial Última Línea, con quienes compartimos la misión de llevar a las manos de los lectores herramientas y contenidos de la más alta calidad. BONOMÍA representa una conexión directa con el ADN de COMPECER: la generación de conocimiento que, más adelante, se traducirá en normas y certificaciones, el corazón de nuestra labor profesional.

Con BONOMÍA, aspiramos a seguir liderando el camino hacia un futuro más sostenible, ofreciendo no solo conocimiento, sino también inspiración para quienes buscan soluciones reales a los grandes desafíos de nuestro tiempo.

Agradecemos a INNOVAÉTICA y todos quienes forman parte de este proyecto y confiamos en que esta colección será una guía fundamental para aquellos que buscan un impacto sostenible y transformador.

Óscar Pérez Angulo
Presidente del Consejo, COMPECER

PRÓLOGO

Asunción Soriano

CEO Global de ATREVIA

Si la manida expresión 'nuevo paradigma' se refiere al momento en el cual una sociedad no se reconoce en la etapa anterior, no cabe duda de que en esa tesitura nos encontramos. Surfeando una ola de cambio que la digitalización acelera a velocidades estratosféricas. Nunca en la historia la innovación tecnológica había permeado tan rápido en la sociedad.

Resulta por ello muy pertinente la reflexión que Manuel Sevillano nos brinda en este libro: sobre los cambios, la sociedad, las tendencias de consumo basadas en la inmediatez, lo experiencial frente a la propiedad y las empresas que han surgido al albur de esta revolución. Cabe preguntarse si es la tecnología, son las empresas o definitivamente es la propia sociedad —ésa es mi sospecha— quien está siendo el vector principal de esta transformación. Liderando este cambio y en ocasiones dejando a empresas e instituciones sin aliento para seguir el ritmo. A veces, incluso un poco desorientados.

Desde la perspectiva del sector en el que trabajo, el marketing, la comunicación y los asuntos públicos, la interacción de las organizaciones con los clientes y grupos de interés en esta era digital se ha vuelto más dinámica y participativa que nunca. Las empresas, instituciones, el *establishment* han dejado de dictar los mensajes y han entendido que se abre una nueva era de cocreación. Multiplicadas exponencialmente las oportunidades de interacción, los clientes desempeñan un papel crucial en la construcción de la imagen de la marca y en la mejora de productos y servicios. Y no sólo eso, también la sociedad y las empresas quieren y pueden influir legítimamente en la construcción del entorno para el futuro común, la regulación y las reglas de este nuevo juego.

En este contexto, las organizaciones no tenemos más alternativa que reforzar nuestras capacidades 'conectoras' para ser participantes activos de esta gran conversación. Este libro, nos avanza algunas pistas.

De contables a poetas es una reflexión panorámica que aporta interesantes datos y estimulantes reflexiones, también citas de autores relevantes, todo enhebrado por un hilo mágico de referencias musicales —me consta que una debilidad del autor—. El texto nos apunta algunos de los desafíos del nuevo ecosistema empresarial, donde las nuevas compañías de la economía digital, están rompiendo paradigmas o barreras competitivas y las organizaciones más tradicionales evolucionan, buscan y defienden su trayectoria y espacio en la nueva ola.

Todos en transformación y con un desafío común: las nuevas tecnologías disruptivas y la nueva sociedad —el huevo o la gallina—, que están jugando un rol fundamental respecto a cómo trabajamos, integramos, cooperamos, competimos y nos relacionamos.

El texto abre también el angular y amplía la reflexión al marco del capitalismo moderno y su refundación en esta 'posmodernidad líquida' en la cual nos toca hoy navegar. Una mirada curiosa al mundo que vivimos, no secuestrada por la nostalgia, narrativa en la cual algunas generaciones parecemos estar un poco atascados. Seguramente, para hacérnoslo mirar.

Precisamente con esta mirada abierta debemos analizar, también, la revolución tecnológica. Buscar una gran conjura global para que sea inclusiva, cuidar los efectos no deseados, pero desde luego y, sobre todo, aprovechar la oportunidad apasionante de evolución y progreso que nos abre la transformación digital.

Con ese mismo enfoque desprejuiciado, debemos también analizar los cambios y a estas nuevas generaciones *centennials* y nativas digitales. Eso sí, dejando guardadas en su funda, las perniciosas gafas de la condescendencia de la madurez o la añoranza de tiempos pasados con las que a veces banalizamos todo lo joven y asumiendo que, merece mucho la pena el entendimiento común y la *mentorización inversa*. Aprender y jugar juntos el juego del cambio.

Cierto es que, en tiempos de polarización absoluta, pareciera que la mirada sin juicios o la búsqueda del equilibrio pudiera ser una suerte de nueva insurgencia. Pero quienes lo tenemos claro —que, por cierto, somos más— debemos ser activistas de la armonización y seguramente alzar un poco la voz.

En esa línea el autor también entona su grito de guerra: la apelación a la poesía y la magia frente a las cuentas y los números. Muy empresarial esto de basar todos nuestros argumentos en la razón y el raciocinio o en la fortaleza incuestionable de números y de datos. Pero resulta que ya hemos desmitificado y aprendido que los sacrosantos Excel 'lo aguantan todo', que verdades absolutas puede haber tantas como ángulos de análisis, que la objetividad puede ser muy subjetiva y que al final del día, son las emociones las más viscerales intuiciones y en definitiva, las luces o sombras humanas las que pueden mover montañas y grandes proyectos sociales y empresariales.

En definitiva, resulta evidente que, en tiempos de cambio e incertidumbre, hay más dudas que certezas. Este libro resulta una lectura estimulante para curiosos que quieran hacerse preguntas, que es lo que toca. Emulando al autor, y parafraseando a Siniestro Total (inspirados por Gauguin, todo está inventado). *Quiénes somos, de dónde venimos, a dónde vamos.*

Tiempos de más preguntas que respuestas, y de empresas 'vibrantes' y 'conversadoras'. Tal y como sostiene el autor: tiempos nuevos, ni mejores ni peores.

1

¿QUÉ ESTÁ PASANDO?

1. Inicio: las empresas DJ

El periodista Walter Winchell fue el precursor de las columnas de sociedad. Según su biógrafo, Neal Gabler, su popularidad e influencia «*convirtieron el periodismo en una forma de entretenimiento*». Winchell fue el primero que llamó a su amigo, el locutor radiofónico Martin Block, Disk Jockey, por los discos que ponía y la máquina que utilizaba. Hoy llamamos DJ (pincha discos) a cualquiera que reproduce música. Tenemos a los DJ de radio que emiten música en sus programas también llamados selectores, los DJ de club que reproducen la música previamente seleccionada en bares y discotecas añadiendo, o no, efectos de sonido y luego tenemos a los DJ de hip hop que ponen la base para que el MC (Maestro de Ceremonias) haga sus rapeos. Guetta, Armin Van Buuren, Nina Kraviz, Steve Aoki o Teri Miko aguantan la comparación, por caché y audiencia, con cualquier estrella de la música. El protagonismo de los pinchadiscos se veía venir desde hace tiempo; en 1980 Juan Cueto publicó un artículo donde hablaba de como los

DJ estaban superando a los creadores, «*lo esencial en estos momentos* [...] *es que el disc-jockey ha eclipsado la noción de autor: es el triunfo indiscutible de los intermediarios en la sociedad del espectáculo*».

El triunfo indiscutible de los intermediarios ha llegado a la empresa y con ellas a nuestras vidas. Se puede comprobar en empresas como Uber, la mayor compañía de taxis, que no tiene vehículos; Facebook, el medio más masivo, que no crea contenidos; Alibaba, el mayor distribuidor, que no tiene existencias; y Airbnb, la mayor empresa de alojamientos, que no tiene propiedades. Su misión es servir de intermediarios entre una cosa y otra, como ya lo expresó modélicamente Flaubert. Parecen compañías de taxis, pero no tienen taxis; parecen empresas de contenidos, pero no crean contenidos; parecen empresas de distribución, pero sin existencias y, claro, parece un hotel, pero no tiene habitaciones. Son compañías con un fuerte componente tecnológico y que integran el entretenimiento de manera natural en su propuesta de valor.

La aparición de este tipo de empresas está poniendo todo patas arriba. Como sociedad nos enfrentamos a situaciones desconocidas. La tecnología siempre ha estado ahí, se puede utilizar para que la humanidad avance o no. Somos los humanos, unos humanos, los que deciden en qué sentido se usa, para que se usa y hacia dónde nos lleva. Pues bien, los humanos detrás de este tipo de empresas, las empresas DJ, con su convencimiento de que pueden romper las leyes de física y de la economía nos están llevando hacia el fin del capitalismo, al menos del capitalismo tal y como lo conocemos. La esencia del capitalismo era producir productos y servicios para satisfacer necesidades humanas. Las empresas DJ no producen nada, intermedian entre unos y otros. El capitalismo vinculado con la modernidad está siendo sustituido por otra cosa, otro capitalismo más posmoderno, al que, quizás, hay que buscarle otro nombre porque supone un cambio de nuestro sistema cultural. Vamos a otro mundo. Un mundo que no es necesariamente mejor, ni peor; pero distinto.

2. Modernidad y Posmodernidad

El capitalismo siempre ha estado vinculado con la modernidad y con sus dos proyectos ideológicamente antagonistas, liberalismo y socialismo. Uno para defenderlo y el otro para criticarlo; pero, ambos, vinculados con la modernidad; como ya señaló Max Weber, en su libro *Modernidad y Capitalismo*. El capitalismo moderno contribuyó y se adaptó a las grandes narrativas sostenidas en la triada de progreso, racionalidad y la búsqueda de verdades universales. La modernidad quería romper con el pasado y la tradición, repudiaba la nostalgia de los viejos tiempos. El posmodernismo, en cambio, rechazó estas grandes narrativas junto con la idea de una verdad única, objetiva y universal; anteponiendo las emociones y sentimientos a la razón y cuestionando el progreso. El posmodernismo abraza la ambigüedad, el estar y no estar, el ser y no ser, su verdad es relativa y depende del contexto. La modernidad es sólida, la posmodernidad líquida, en afortunada expresión de Bauman; mezcla estilos y fuentes y vuelve una y otra vez al pasado, las emociones y la subjetividad para encontrar explicaciones al presente. La realidad no es objetiva, se construye a través del lenguaje, las diferentes culturas y las perspectivas individuales, es una cuestión de perspectiva o de contexto, *no hay hechos sino interpretaciones,* que diría el perspectivista Nietzsche porque él concebía el pensamiento aislado de la realidad.

El rechazo a las grandes narrativas y a la triada que las sostenía ha supuesto un cambio en nuestro sistema cultural y moral que está afectando al modelo tradicional de empresa. Los primeros grandes cambios vienen del mercado, la línea que separa los productores de los consumidores cada vez es más difusa. En el modernista capitalismo tradicional las empresas ofrecían productos y servicios para que los clientes satisficieran sus necesidades. Como hemos dicho, las posmodernistas empresas DJ, no producen nada se limitan a intermediar. El nuevo consumidor cubre sus necesidades de otra manera. También han traído un nuevo tipo de trabajadores, que junto con una corte de servidores de mano de obra gratuita y nuevos espacios, espacios digitales privados, suponen una transformación en la manera que concebimos las relaciones laborales. La inversión también se está transformando, se venden expectativas en vez de certezas, años de capitalismo persiguiendo el beneficio han sido sustituidos por una narrativa de futuro. Esta transformación del capitalismo nos afecta a todos los ciudadanos, tengamos o no relación con este tipo de empresas, relegando al estado, en teoría el garante del bien común, a un papel secundario. Cada vez es más difícil distinguir a un cliente de un ciudadano.

De la mano de estas empresas, las empresas DJ, nace un capitalismo posmoderno que supone, como decíamos, un cambio de nuestro sistema cultural y moral que hace que la triada progreso, racionalidad y la búsqueda de verdades universales se tambaleé hasta caer. Se le atribuye al dramaturgo y poeta Bertolt Brecht la célebre frase, «*La crisis se produce cuando lo viejo no acaba de morir y cuando lo nuevo no acaba de nacer*». Pues bien estamos en un periodo en el que el moderno capitalismo está en crisis, pero no acaba de morir y al posmoderno capitalismo de empresas DJ se le empiezan a ver las costuras. Una crisis que aparece curiosamente en el mejor momento de la Historia, como definen a este periodo algunos autores. ¿Por qué?, ¿por qué, si como los datos parecen confirmar, estamos en el mejor momento de la humanidad, nuestro sentimiento es tan malo?, ¿por qué hay un malestar generalizado?, ¿por qué hay tanta indignación?

Las razones seguro que son varias y van más allá del consumo. Prácticamente las mismas cuestiones podríamos aplicárselas a la democracia, al menos a las democracias occidentales; pero, ciñéndome al moderno capitalismo y su modelo de consumo creo que estas empresas DJ están azuzando las preguntas y las repuestas, porque se adaptan mejor que nadie a estos tiempos tan posmodernistas. Unos tiempos que se parecen a la terrible frase del filósofo Arthur Schopenhauer hablando de la vida, «*Toda nuestra vida oscila como un péndulo del sufrimiento al aburrimiento*».

3. Progreso e Incertidumbre

La ley principal de una empresa es ganar dinero; pero no de cualquier manera, las empresas buscan ganar dinero satisfaciendo necesidades humanas. Las necesidades nos conectan con el deseo, aunque, a menudo, el deseo se confunde con la necesidad. No es lo mismo tener la necesidad de alimentarnos que el deseo de comer algo determinado, con una compañía determinada y en un entorno determinado que nos traiga recuerdos felices. Lo mismo podríamos decir también del deseo sexual, no puede reducirse a una necesidad fisiológica o a garantizar la supervivencia de la especie. Los filósofos de la Antigüedad definen el deseo como *la aspiración de un bien,* una aspiración que nos impulsa a esforzarnos por acercarnos a ese bien que nos atrae. Los deseos tienen que ver con el movimiento y, como bien señaló Spinoza, son la esencia del hombre. El hombre es una creación del deseo, no de la necesidad.

Los deseos siempre han estado en el centro del capitalismo, nos empujan a la acción, a esforzarnos para acercarnos a ese bien, al consumo. Pero, como señaló Jean Braudillard, el consumo no sólo va de satisfacer necesidades, sino que es la esencia de nuestro sistema cultural.

> *«Se puede concebir el consumo como una modalidad característica de nuestra civilización industrial, a condición de separarla de una vez por todas de su acepción común y corriente: la de un proceso de satisfacción de necesidades.*
>
> *El consumo no es ese modo pasivo de absorción y de apropiación que oponemos al modo activo de la producción para poner en equilibrio esquemas ingenuos de com-*

portamiento (y de alineación). Hay que afirmar desde el principio que el consumo es un modo activo de relación (no sólo con los objetos, sino con la colectividad y con el mundo), un modo de actividad sistemática y de respuesta global en el cual se funda todo nuestro sistema cultural».

La Organización de las Naciones Unidas para la Educación, la Ciencia y la Cultura (UNESCO) definió a la cultura como, *«el conjunto de los rasgos distintivos espirituales y materiales, intelectuales y afectivos que caracterizan a una sociedad o a un grupo social y que abarca, además de las artes y las letras, los modos de vida, las maneras de vivir juntos, los sistemas de valores, las tradiciones y las creencias».* El modelo capitalista de consumo es una manera de relacionarnos con nuestro entorno, con la colectividad y con el mundo; forma parte de los rasgos distintivos que nos caracterizan como sociedad y constituye uno de los fundamentos de nuestro sistema cultural.

El capitalismo moderno se caracterizaba por su capacidad para producir productos y servicios cada vez de manera más eficiente haciéndolos accesibles a más población. La eficiencia a menudo venía de la mano de una nueva tecnología. Los clásicos de la economía explicaban que cuando la oferta de algo aumenta los precios caen; una caída que suponía productos y servicios que más gente puede comprar y así la vida de la gente mejora, progresa. El catedrático de Harvard Steven Pinker en su libro *En defensa de la Ilustración* dice, *«La pobreza extrema ha descendido un 75% en 30 años* y, además, como afirma en otra parte del libro, *vivimos más años y la salud nos acompaña, somos más libres y, en definitiva, más felices».* Datos objetivos que podían sustentar este progreso. Nuestro sistema cultural sostenía que gracias al capitalismo hay una mejora de las condiciones de vida que contribuyen al desarrollo de la sociedad porque cada vez son más accesibles los productos y servicios. El capitalismo traía progreso, en definitiva.

Un progreso que se empieza a cuestionar y con ello todo nuestro sistema cultural. Claro que vivimos más años, que somos menos pobres, que la esperanza de vida aumenta, pero... En esta época posmodernista, como hemos dicho, ya no se busca una verdad única, objetiva y universal. Da igual si objetivamente vivimos mejor o peor. Lo importante es la sensación de cómo vivimos, las emociones y sentimientos tienen más peso que la razón y las sensaciones no son del todo buenas. Como dice la periodista Mariam Martínez-Bascuñán, *«el sentimiento contradice la estadística»*. Los datos son interpretables.

Lo que Pinker y compañía no están teniendo en cuenta es que está mejora se sostenía en una de las grandes narrativas del capitalismo, junto a la accesibilidad a los productos estaba la cultura del esfuerzo. Gracias al esfuerzo y al trabajo duro la vida mejoraba, progresaba. Gran parte de la población, especialmente los jóvenes, se sienten estafados por ese «cuento». La escritora Ana Iris Simón le da envidia la vida que llevaban sus padres a sus 30 años, *pagaban la hipoteca, tenían un coche y una Thermormix*, según nos cuenta en su libro Feria. El progreso estaba en la certeza de que trabajando conseguías un coche, una casa y una Thermomix. No es que en la época actual las condiciones de vida no mejoren, sino que no tenemos la certeza de que esforzándonos accedamos a esa mejora. La falta de certezas actuales trae descontento, sobre todo a los que más futuro tienen, los jóvenes. El físico Jorge Wagensberg afirmó que progresar «*es ganar independencia respecto a la incertidumbre*». Una independencia que no estamos ganando. El péndulo del que hablaba Schopenhauer oscila entre el aburrimiento que nos provoca unas condiciones de vida que consideramos aseguradas y el sufrimiento porque tenemos miedo a perder lo que tenemos.

4. Cultura de la inmediatez

Decíamos que los clásicos de la economía explicaban que cuando la oferta de algo aumenta los precios caen; pero a menudo no es así. Las mejoras tecnológicas provocan que las empresas produzcan más productos de los que necesitábamos. Decir que el precio es el que regula el equilibrio entre la oferta y la demanda es simplificar mucho la película. El capitalismo junto con la eficiencia inventó el marketing que sabe muy bien cómo persuadirnos para crear deseos ficticios y dar salida a la sobre oferta sin bajar los precios. El marketing, a través de su brazo armado, la publicidad, nos convierte en sujetos deseantes donde el precio es secundario. No compramos un bote de colonia, compramos el universo que nos sugiere ese bote de colonia y algunos universos no tienen precio. Ya nos lo dijo Gilles Deleuze de manera muy gráfica, «*Siempre hacemos el amor con todo un mundo*». La publicidad no nos vende el bote de colonia aislado, nos lo presenta dentro de un universo, una puesta de sol, una compañía agradable, una luz perfecta y una música que convierte el bote de colonia en un universo deseable. Estos deseos ficticios tienen poco que ver con las necesidades humanas, tienen que ver con los caprichos. El marketing no crea necesidades como algunos van diciendo por ahí, el marketing es capaz de sustituir el deseo por apetencias, convirtiendo las necesidades en caprichos. Satisfacer necesidades es un proceso muy lento, los deseos son lentos; en cambio, buscamos la satisfacción rápida, inmediata, de los caprichos. Si, como bien sabemos, satisfacer necesidades no agota nuestra capacidad de desear, satisfacer caprichos no sólo no la agota, sino que la incentiva.

Las empresas DJ se han adaptado antes que nadie a este capitalismo posmoderno, facilitando el acceso rápido, inmediato, a cualquier producto o servicio. e Incentivan las compras compulsivas, el sexo compulsivo, el reconocimiento social compulsivo. Un modelo de gratificación inmediata. Las empresas DJ han acelerado el paso del moderno sujeto deseante en un posmoderno sujeto caprichoso que repudia la espera por la recompensa. Este sujeto posmoderno busca emociones porque la gratificación efímera, intensa, urgente y desechable ha contagiado a su mundo afectivo. Nada le proporciona un gran placer y encadena emociones rápidas y perfectamente sustituibles. El péndulo del que hablaba Schopenhauer nos lleva a combatir el aburrimiento acumulando experiencias. Las experiencias son el primero de los caprichos que, junto a sentirnos únicos, excepcionales, y la expresión forman la triada de los caprichos posmodernos. Los tres EX que han venido a sustituir el progreso, la racionalidad y la verdad y que han acabado por convertirse en derechos, el derecho a vivir experiencias, a ser excepcionales y a expresarnos.

Tres caprichos que nos frustran y nos generan sufrimiento porque satisfacer caprichos nunca fue demasiado satisfactorio. *El placer es proporcional a la intensidad del deseo.* La apetencia es el grado cero del deseo, una pasión triste. La gratificación inmediata nos aburre y nos frustra porque el carrusel de apetencias no nos satisface. Las necesidades nos conectan con el deseo, como ya hemos dicho, pero también con las carencias. Una carencia es la falta o privación de algo. La posmoderna cultura de la inmediatez provoca que cada vez sentimos más que nos falta algo, nunca han estado, por ejemplo, tan vigentes las enfermedades mentales. Todo un síntoma. Las empresas DJ nos ofrecen plataformas para gritar nuestra insatisfacción.

5. Derecho a las experiencias

El consumo tradicional jugaba con el estatus, determinados bienes o servicios sólo eran accesibles para determinadas personas, eran aspiracionales. El que quería y podía acceder a determinados productos se comprometía con ellos. Un reloj Patek Philippe nunca se poseía del todo.

> *«Nunca un Patek Philippe es del todo suyo. Suyo es el placer de custodiarlo hasta la siguiente generación».*

La custodia supone compromiso. El Apple Watch fue presentado como el primer reloj inteligente, lo lanzó Apple el 9 de septiembre de 2014 y ya vamos por la serie 9. Cada edición mejora la experiencia del anterior. No se compra para toda la vida, no se crea ningún vínculo con el objeto, no compromete, porque se trata de cambiarlo cada poco tiempo por una nueva edición más potente, más completa, más rápida, más entretenida.

El sociólogo Vicente Verdú define este modelo de capitalismo posmoderno como capitalismo de ficción. Un modelo que nos ofrece la posibilidad de vivir más de una vida, con el entretenimiento como factor clave para vivir nuevas realidades de disfrute, descomprometido, donde la pareja tiene más que ver con el renting que con el amor, *derecho de uso sin más atadura que pagar el alquiler mutuo mientras interese*. Se han instalado en las conversaciones expresiones como amigos con derecho a roce, amantes, el ordinario 'follamigos', casi algo, para definir estas posmodernas relaciones de disfrute sin compromiso. Un ciudadano que prefiere la experiencia de vivir en Roma como un romano que ser un ciudadano romano. Ser ciudadano supondría preocuparse de pagar la tasa de basura, de buscar un colegio para sus hijos, si los tuviera, un parking, llamar a un fontanero, comprar muebles. Vivir la experiencia alquilando una casa por unos días para vivir como un romano, pero sin la pesadez de los compromisos. AirBnB lo ha visto antes que nadie.

La agencia de tendencias Trendwatching acuñó el término '*transumer*', para aquellos consumidores que no buscan la posesión, sino la experiencia. Los *transumer* defienden una manera de vivir transitoria, sin ataduras. Prefieren alquilar a comprar. Sin vínculos. Son incontinentes, autosuficientes, individualistas y odian el aburrimiento. Serge Hefez escribió en *Le Monde*, «*las parejas se separan no porque estén en crisis, sino porque sienten que sería insoportable una vida sin cambios, sin otras experiencias*». Preferimos dejar los cuadros reposando en el suelo que, colgando de las paredes, eso supondría un cierto compromiso con el espacio.

Hace cincuenta años, que Cánovas, Rodrigo, Adolfo y Guzmán publicaron *Señora azul*, en el álbum se incluye una canción *Nuestro problema*, «*La costumbre engendró el aburrimiento entre los dos, no sabemos si dejarlo o seguir será mejor...*». Las empresas nos invitan continuamente a ser alocados, rebeldes, a huir de la costumbre, «*stay hungry, stay foolish*», ya saben, aunque duela. Nos prefieren heridos antes que aburridos. Desde siempre los marketianos saben que no hay cliente más fácil. Cuanto más aburridos más predispuestos a comprar colonias para vivir la emoción del olor. Los tipos con vidas sencillas, tibias, no compran botes de colonia para vivir la experiencia de sentirse salvajes, seductores e irresistibles. Una colonia que sólo huele bien es más barata y más aburrida, claro. El desamor vende más que el amor, la nostalgia más que el *carpe diem*, la pasión más que «*la estufa, dos gatos y tele en color*», las mascotas más que las personas, lo intangible más que lo tangible, la imagen más que la reputación, y así.

Cuando el antiguo capitalismo descubrió que era capaz de producir más cosas de las que necesitamos inventó la publicidad, ya está dicho. La publicidad nos ponía frente al espejo, nos convirtió en sujetos deseantes al poner de manifiesto nuestras carencias. Individuos envidiosos del vecino al que el capitalismo ofrecía una salida: comprar un bote de colonia para convertirlo en salvaje, en seductor, en un irresistible triunfador, pleno de reconocimiento social, mejor que el vecino, en definitiva. Los tiempos publicitarios han sido sustituidos por Instagram y plataformas parecidas, toda vida es «instagrameable». Las empresas DJ han creado unas plataformas que están terminando con la publicidad tradicional. Los posmodernos sujetos caprichosos suben fotos idílicas de idílicas vidas que comparadas con las vidas aburridas de la mayoría generan más envidia y frustración que un inocente anuncio de colonia en televisión. Instagram nos permite ver la vida del vecino en tiempo real. Vemos su vida (la de nuestro compañero, la de nuestro/a ex, la de nuestros amigos, la de nuestra pareja actual e, incluso, de la futura, etc.) a todas las horas y en todos los sitios. Continuamente estamos viviendo o viendo experiencias o consumiendo las experiencias propias o de otros.

Las empresas DJ y su cultura de la inmediatez nos ofrecen viajes a golpe de compañía *low cost* o Pepe Car, estancias con AirBnB, comida con Just Eat y similares, sexo con Tinder, etc. Nos facilitan la experiencia inmediata. Los productos y servicios del capitalismo tradicional han sido sustituidos por la experiencia. No se venden productos, se venden experiencias. El posmoderno caprichoso es un ser ávido de excitantes experiencias para compartir en redes sociales y, así, sentirnos diferentes, superiores a los demás. Las empresas DJ odian al anodino señor del traje gris, el 'sabinero' *con estufa dos gatos y tele en color* que se limita a cumplir con sus compromisos. Quieren personas creativas, originales, distintas, en definitiva. Ya no nos distinguimos del vecino por llevar un reloj caro, sino porque somos capaces de vivir más y mejores experiencias. Experiencias excitantes que nos convierten en seres fuera de la norma, en seres excepcionales. Seres excepcionales que sufren su incomprensión haciendo oscilar de nuevo el péndulo del aburrimiento al sufrimiento porque nadie nos comprende, ¡ay!

6. Derecho a ser excepcionales

Fue el poeta y filósofo francés Paul Valery el que dio una explicación convincente de por qué los humanos queremos ser distintos del resto.

> «[...] no conocemos la muerte más que por los otros que mueren, y, si realmente somos sus semejantes, también moriremos. Así pues, este horror a la muerte desarrolla desde sus tinieblas una especie de voluntad vesánica de no 'ser semejante', de ser la independencia misma y lo singular por excelencia, es decir, de ser un dios».

Queremos ser distintos para huir de nuestra condición mortal. Las empresas DJ nos animan a no morirnos (de hecho, nuestra identidad digital permanece por los tiempos en la nube) y la serie de futurismo tecnológico Black Mirror coquetea con el asunto a menudo, explotan nuestra voluntad de ser dioses haciendo que nos sintamos diferentes, originales, excepcionales, en definitiva. Con un deseo, capricho más bien, irrefrenable por lo nuevo, por la novedad, por la originalidad.

Cream fue uno de los primeros supergrupos de rock, estuvo activo entre 1966 y 1968. Estaba formado por tres tipos que ya venían con carrera anterior. Eric Clapton tocaba la guitarra y Jack Bruce el bajo, ambos era la voz en las canciones, acompañados por la batería de Ginger Baker.

Siempre tuvieron fama de conflictivos. El proyecto duró poco, devorado por los egos de unos y otros. En los dos años que estuvieron juntos tocaron mucho y vendieron más de quince millones de copias. Clapton declaró que *«creativamente éramos un torbellino, tres músicos excepcionales improvisando, retándonos y compitiendo por ver quién llegaba más lejos».* Después de grabar cuatro álbumes se separaron. Todos siguieron con sus carreras, Clapton coqueteando con el blues, Ginger y Jack con el jazz. En 2005 se vuelven a juntar para una serie de conciertos en el Royal Albert Hall y en el Madison Square Garden. Hay química, se les ve disfrutar. Han dejado de ser excepcionales, ahora son simplemente tres músicos extraordinarios.

Algo excepcional es algo que se aparta de lo ordinario, un músico excepcional es un músico diferente al resto. En cambio, algo extraordinario es un añadido a lo ordinario, un músico extraordinario es un músico por encima de la media. Los genios se consideran excepcionales, diferentes al resto; pero algo diferente no es necesariamente bueno. Ese talento, cierto, como en el caso de Cream, o infundado, como el de tantos genios incomprendidos que van por la vida como si les debiera algo, hace la convivencia con los excepcionales insoportable. Su genialidad, real o infundada, les convierte en seres caprichosos, incomprendidos, malditos, quejosos… y si no son capaces de morirse antes de los 27 años, en unos pelmazos.

La mayoría con los años maduran y si tienen talento lo utilizan y aprovechan para mejorar el mundo, pasan de excepcionales a extraordinarios. Un paso natural para los talentosos, un paso imposible para los 'diferentes incomprendidos' carentes de talento que pululan por el mundo virtual quejándose por todo y de todo. Los extraordinarios son capaces de dominar sus caprichos y su ego para poner su talento al servicio de un proyecto común. Los tres miembros de los Cream podrían haber seguido con su narcisismo recreándose en su excepcionalidad y si hubieran tenido la suerte de morirse con menos de 27 años estarían junto con Janis Joplin, Jim Morrison, Kurt Cobain o tantos otros; pero no, afortunadamente siguieron vivos y, aparecen con frecuencia en las listas de mejor batería, mejor guitarrista y mejor bajista de la Historia. Ginger Baker ha influido a muchos percusionistas posteriores, el crítico Bruce Eder declaró, «*prácticamente todos los baterías de todas las bandas de heavy metal han tratado de emularle*». Eric Clapton fue elegido por la revista *Rolling Stone* como el segundo mejor guitarrista de la Historia. Geezer Butler es el bajista de Black Sabbath, admite sin tapujos que imita a Brice «*en su forma de tocar con los dedos y copiar el riff*».

El capitalismo siempre ha preferido los excepcionales a los extraordinarios, los genios a los mejores. Los profesores canadienses Joseph Heath y Andrew Potter lo explican bien en su libro *Rebelarse vende*, «*El hombre necesita distinguirse, y eso explica su necesidad de evasión, su búsqueda de lo distinto y lo alternativo, su amor por lo exclusivo y exquisito, en suma, su odio por la masa*»; antes Vance Packard ya lo explicó en *Las formas ocultas de la propaganda*. El inconformismo es la sangre vital de la sociedad de consumo, la rebeldía tiene glamour. La revolución es llevar un polo 198, *la marca de ropa para vencer*. Los más anti mercado son los que más camisetas venden. Los anticonsumistas han convertido el parlamento español (en otros países es similar) en puro Product Placement. Un proceso que de nuevo este tipo de empresas posmodernas ha acelerado; hablan sin tapujos de romper los límites de la biología mediante el uso de una tecnología adecuada para convertirnos en dioses. El transhumanismo es un movimiento cultural e intelectual que tiene como objetivo final transformar la condición humana mediante el desarrollo y fabricación de tecnologías ampliamente disponibles para superar nuestros propios límites, entre ellos, la muerte. La nueva élite tecnológica nos invita continuamente a saltarnos los límites. *Think different*, es el claim que utiliza Apple para invitarnos no a pensar mejor, sino a pensar distinto.

Estas empresas posmodernas nunca se han llevado bien con el poder, el inconformismo lo invade todo, un inconformismo que poco tiene que ver con la mejora de la sociedad, sino con ahuyentar el aburrimiento e incentivar la queja transmitiendo una sensación de sufrimiento. Se llevan los malditos, aunque, curiosa paradoja, la mayoría son unos pelmazos. Se puede ser de todo menos aburrido y no hay nada más divertido que saltarse las normas. Kant definió a los genios como aquel que se da las reglas a sí mismo, unas reglas que se sitúan por encima de las reglas de los demás. Así estamos, rodeados de genios, creativos, espontáneos, inmaduros, adolescentes, descomprometidos. Con necesidades mediocres y con deseos mediocres. Caprichosos. La posmodernidad en el fondo simplifica la diversidad. Nunca ha habido tanto creativo, poetas, pintores, escultores, gente diferente. Tampoco nunca ha habido tanto hortera disfrazado de genio. Todos en el fondo quieren ser

Steve Jobs. Unos genios que no se conforman con vivir su genialidad en silencio, aprovechan las plataformas y posibilidades que les dan las empresas DJ para expresar su inconformismo de salón y que todo el mundo la vea, evitando caer en el aburrimiento y quejándose por todo y de todo. La vida es dura y sufrimos tanto.

7. Derecho a la expresión

Las empresas DJ ya no juegan con el estatus, sino con la expresión. Es la estación término de la postmodernidad.

> *«La edad moderna estaba obsesionada por la producción y la revolución, la edad posmoderna lo está por la información y la expresión»* (Gilles Lipovetsky)

Tenemos que expresarnos, expresar nuestras ideas, nuestras opiniones, nuestra manera de hacer las cosas. Francis Fukuyama publicó «*¿El fin de la Historia?*» en la revista de asuntos internacionales *The National Interest* como parte de un ensayo anterior. Su tesis es que el motor de la Historia es el deseo de reconocimiento; un reconocimiento que se ha paralizado debido a la caída del Muro de Berlín y que deja como única opción viable la democracia liberal. Se acabaron las grandes narrativas. Con lo que no contaba Fukuyama es con la aparición de las empresas DJ como el complemento ideal a la posmodernidad. La necesidad de reconocimiento ha vuelto con ellas, un reconocimiento fragmentado, lejos de los grandes relatos, pero que sacraliza las narrativas individuales y el relativismo.

Depende ¿de qué depende? De según como se mire, todo depende, cantaba el tristemente fallecido Pau Donés. No podemos afirmar *ni que el blanco sea blanco, ni que el negro sea negro*; ni tan siquiera *que uno y uno sean dos.* Por qué depende, todo depende. Pau Donés hace un canto a la posmodernidad que mezcla bien con el tango *Cambalache* que Carlos Gardel, entre otros, lo hicieron popular, en donde *Todo es igual, nada es mejor.* Lo importante es ser diferente, como ya hemos hablado.

La llegada de internet nos facilitó el acceso e intercambio de información a millones de personas. Un intercambio que supone una concepción infinita de perspectivas, la fragmentación del pensamiento y un abanico amplio de voces y enfoques para cada cuestión. Junto a esta realidad aparecen fenómenos como la posverdad o el uso malintencionado de las redes sociales, que distorsionan la realidad, ahora ya *todo depende*; ahora sí que ya es lo mismo *ser derecho que traidor,* volviendo a Gardel. Hablamos a menudo de la llegada de internet, de tecnología y de las oportunidades que trae; pero esto no va de tecnología, va de comunicación y como dijo Castells, *puede generar toda clase de mitologías y de actitudes exageradas.*

El mundo posmoderno desecha las grandes ideas salvadoras de la Modernidad y las cambia por la multiplicidad de posturas o 'verdades'. Estas múltiples verdades han impregnado el arte y la cultura en general, mundo que ya no se rige por reglas establecidas, por cánones interpuestos; ahora se trabaja para buscar las reglas desde cada obra, no hay límites prefijados. La consecuencia es la propia expresión del mundo interior del creador, en una exaltación delirante de su sentimiento, desde diversidad de formatos y propuestas, formando un microrrelato que convive con multitud de otros microrrelatos.

La falta de grandes narrativas ha tenido como consecuencia que los humanos posmodernos viven la vida fragmentada. A falta de un macro relato que explique todo, los microrrelatos responden al criterio fundamental de utilidad. *Que nos has conocido a nadie que te bese como yo*, pues depende, todo depende. Amor fragmentado entre varios amantes, amistad fragmentada, experiencias fragmentadas, comidas fragmentadas de muchos microplatos para vivir la excepcionalidad de la experiencia y expresarla en redes, trabajo fragmentado para los creativos freelancers. Ya lo avanzó Lyotard «La *posmodernidad se presenta como una babelización que no es ya considerada un mal sino un estado positivo, porque permite la liberación del individuo, quien, despojado de las ilusiones de las utopías, puede gozar el presente siguiendo sus inclinaciones y sus gustos*». Sus caprichos más bien. Sociedades caprichosas, descomprometidas, ferozmente individualistas, sin una visión de conjunto, sin reglas, sin límites más allá de los autoimpuestos, *porque yo lo valgo. Ignorante, sabio, chorro, generoso, estafador. Todo es igual, nada es mejor. ¡Lo mismo burro que un gran profesor!* Volviendo al tango.

Y así llegamos a la gran paradoja. Las redes sociales son el vehículo ideal de autoexpresión, el vehículo para expresar nuestra libertad máxima; pero necesitamos someternos continuamente a los hipotéticos juicios aprobatorios de nuestros semejantes virtuales. Somos libres para opinar de todo, para hacer de todo, para expresarnos; pero somos adictos a los *likes*, necesitamos la aprobación de manera compulsiva. Necesitamos que nos reconozcan, que nos quieran, en definitiva. En la época de la falta de compromiso todos buscan el *engagement*, el amor, el cariño. Un *engagement* que se prolonga en el tiempo sine día. Ya no somos nosotros, somos nosotros y nuestra comunidad. *Sin ti no soy nada.*

El capitalismo tradicional se dio cuenta que el coste de coger una tela de algodón y fabricar un modelo de pantalón con más de un siglo de antigüedad era de más o menos un euro, pero que si lo llamaba Levi´s podía venderlo a 100 euros. Los intangibles aportaban todo el valor, los clientes no compraban un pantalón, compraban una expresión, se expresaban a través de las marcas. Todavía hoy una camisa con un caballo vale el doble que una que tenga un pato cosido; aunque probablemente ambas camisas las haya fabricado el mismo chino. El capitalismo posmoderno ha ido un paso más allá y la marca ya no sirve para distinguir unos productos de otros, ahora se habla de marca personal, de la imagen que proyectas en la gente y el impacto que eso tiene. La marca personal sirve para distinguir unos individuos de otros. El origen del término marca personal se le atribuye al gurú empresarial Tom Peters (Sí, el de *En busca de la excelencia*) por una publicación que hizo en 1997 llamada *The Brand called you*. Un paseo por internet y encontramos millones de entradas explicándonos los pasos que hay que dar para construirnos una marca. Uno de los fundamentales es conseguir la conexión con la comunidad, con tus seguidores. Una marca personal vale lo que la comunidad dice que vale. Un valor que fluctúa con el tiempo.

Volvemos a Paul Valery, en su famosa Primera Lección en el Collège de France de 1937, propuso el término poética para designar el estudio, no de una obra de arte culminada, sino de su producción y condiciones, incorporando al espectador en ese proceso productivo. El arte contemporáneo ha abrazado este enfoque y habla del *work in progress* para definir la obra, nunca acabada, que incorpora al receptor, al espectador, como un elemento más en la producción de la propia obra. La obra está en continuo cambio, se expresa como una secuencia infinita en transformación que se reconstruye continuamente a sí misma. La marca personal no es una marca, es un proceso en continua evolución, un *work in progress*, que va hacia donde la comunidad quiere que vaya o al menos juega un papel relevante. La modernidad esperaba de las vanguardias que se anticiparan, que fueran visionarios, que nos guiaran; la posmodernidad no, no hay nada que anticipar, vamos viendo es el síntoma de este tiempo, que fluya. Llegando al extremo de que lo que hace el arte no tiene que gustar al creador, tiene que gustar a la comunidad. La periodista Steffi Cao habla de la trampa de la intimidad, se busca llamar la atención y la manera de hacerlo es compartiendo pasajes de nuestra intimidad. Interesa más la intimidad del creador que la creación misma. Lo que interesa son los 'vibes', las sensaciones que nos provoca la experiencia compartida que el resultado de la misma. La frontera entre alta y baja cultura se ha ido difuminando hasta desaparecer. Ahora cultura es lo que la comunidad de las redes sociales dice que es cultura. Como ya se anticipó hace años, todo lo que no es entretenido no es cultura. Hay más cultura en Tik Tok que en la programación de la Filmoteca. El intelectual ha sido sustituido por el 'opinólogo' y el excepcional genio creativo.

Las empresas DJ dan continuamente oportunidades de participación a la comunidad, nos sentimos parte, o bien compartiendo contenidos para expresar nuestra extraordinaria experiencia consiguiendo *likes, retuits* o menciones, o bien evaluando al conductor de Uber, al casero de AirBnb o al repartidor de Glovo mejor o peor. La comunidad es parte activa de la propuesta de valor. En tiempos descomprometidos se trabaja de manera continuada la conexión con la comunidad, el *engagement* del que todo el mundo habla. Creamos contenidos que sometemos a la aprobación o rechazo de la comunidad para incrementar la conexión; una situación que nos lleva a perseguir continuamente la validación externa. Las empresas DJ nos dan la posibilidad de poner números a esa validación. Números que transformamos en objetivos. Objetivos que si no somos capaces de alcanzar nos provocan de nuevo sufrimiento y ansiedad. Se habla continuamente de objetivos, de datos, de Kpi´s; pero se nos olvidó soñar. Las sociedades posmodernas no sueñan.

8. Renuncia a los sueños

El filósofo Javier Gomá dedicó una buena parte de su vida a escribir la tetralogía sobre la ejemplaridad. Después del esfuerzo se preguntaba en las páginas del diario *El País*, «*¿Por qué determinadas personas dedican las mejores horas del día, los mejores días del año y los mejores años de su vida a producir algo que nadie les ha pedido?*». La respuesta que da es que lo hace por vocación, una vocación que se compone de dos momentos, la visión, una cierta idea de todo, y la misión, la manera de producir algo, un objeto, que incorpore esa visión, para que le de soporte y evitar que se pierda. Esa vocación, sigo con Gomá, supone «*la activación de todas las facultades, capacidades y potencias humanas en la dirección de una, una sola, de las muchas posibilidades que ofrece la exuberancia vital, a cambio de una inmensa concentración de energías*».

La vocación parte de una cierta idea de todo, algo que no se alinea bien con el posmodernismo y sus narrativas fragmentadas. Tener una cierta idea de todo supone imaginarnos el futuro, definir cómo esperamos, al menos, que sea. Renunciar a esa idea de todo supone dejarse llevar por los caprichos, por las apetencias y sus vaivenes, cambiando los sueños por los posmodernistas objetivos.

El antropólogo Juan Luís Arsuaga dice, «*somos una especie infantil, infantilizada, y cada vez más*». Uno de los temas más conocidos de los peruanos Ves tal Vez se titula, *Hoy te vi feliz*. La canción habla de una chica que cuando se encuentra con su ex novio le dice, *El reloj jamás cambia de sentido. Yo busco un sueño, tú un objetivo*. Sueños u objetivos. Un sueño es una propuesta de sentido, ofrece criterios útiles para orientarnos sobre lo correcto o lo incorrecto, es una guía ética y, sobre todo, si es compartido o por ser compartido, produce entusiasmo, emoción, una emoción razonable. Los criterios son una guía para aprender a vivir el día a día que es al mismo tiempo la mejor manera de convivir. Un objetivo, en cambio, es la determinación firme de alcanzar algo, no necesariamente con sentido, una meta. Necesita reglas, normas, directrices. Cuando se consigue rápidamente se sustituye por otro.

En estos tiempos posmodernos, tan nuevos y salvajes, en la empresa, en los colegios, en los gimnasios, en la política… se habla continuamente de objetivos. De reglas, en vez de criterios, del deber ser, no del ser. La peor manera de convivir, porque nos lleva al conflicto permanente, a la incapacidad de lidiar de manera adulta con los problemas. Somos *una especie infantil, infantilizada* porque no nos atrevemos a soñar. Como dice Galeano, «*aunque no podemos adivinar el tiempo que será*, hemos olvidado que *sí que tenemos, al menos, el derecho de imaginar el que queremos que sea*». Nos da miedo imaginarnos un futuro razonable, un futuro emocionante que nos permita disfrutar del presente y nos oriente. Nos instalamos en la infantil certeza de los objetivos, sin pensar, sin sentir. *¿Qué tal si empezamos a ejercer el jamás proclamado derecho de soñar?*

Los sueños son una propuesta de sentido, nos sirven para organizar nuestros comportamientos, descubrir nuestros valores, nos sirven para conectarnos con la realidad, para encarar los problemas y buscar soluciones, para saber quiénes somos y a dónde vamos, para evitar caer en los cortoplacistas caprichos y prolongar el dinamismo del deseo con proyectos sugestivos que nos liberen de las idas y venidas de los *work in progress*, que nos libere de la dependencia de la comunidad de las redes sociales, nos sirve para concentrar nuestros esfuerzos dándolos sentido. Decíamos que una sociedad que sueña es una sociedad madura, una sociedad más y mejor educada, que sabe vivir y sabe convivir, porque no se queda en la inmadurez genialoide de saltarse las reglas, que no se queda en el qué, sino en los porqués. Una sociedad que se preocupa por los porqués aprende a convivir porque supera el simple cumplimiento de la norma, entiende el criterio, incluso cuando quiera o necesite cambiarla.

Entretanto, los principales directivos de las principales empresas DJ sí sueñan, sueñan con futuros distópicos. Elon Musk, el fundador de Tesla, con colonizar Marte. Peter Thiel, de la empresa de software especializada en Big Data, con revertir el envejecimiento. Sam Alman, el de OpenAI, con cargar la mente de los humanos en superordenadores. Sus propuestas de sentido son Marte o dejar de ser humanos. No se trata de hacer del mundo un lugar mejor, si no de trascender la condición humana para ser transhumanos. Todos ellos esperan que la tecnología les ayude a escapar del resto de la humanidad. La hipótesis de Paul Valery de que queremos ser distintos para huir de nuestra condición mortal está más vigente que nunca.

El resto de la humanidad entretanto, se aburre y sufre. Ha renunciado a soñar y a creer en el progreso; pero el foco se ha puesto lejos de las empresas DJ. Se habla sin tapujos de refundar el capitalismo, no de refundar este capitalismo posmodernista. Pocos días después de la quiebra de Lehman Brothers en 2008 un asustado Nicolas Sarkozy, presidente por aquel entonces de la República francesa, hizo una célebre declaración, *hay que refundar el capitalismo*, una declaración parecida a la que hizo, ¿también asustado?, el Foro de Davos después de su asamblea anual celebrada en enero de 2020. El viejo capitalismo está intentando cambiar para evitar que el estado de ánimo se lo lleve por delante. Dos narrativas que nacen del miedo se van abriendo paso: el decrecimiento o la reducción del consumo que mira al pasado, a la nostalgia, consumir menos, y la verde que mira hacia el futuro ante la falta de expectativas para la supervivencia de la especie. Como anticipaba Jeff Bezos vamos camino del colapso, ¿su solución?, no la sabemos, pero mientras compramos cosas y que nos las traigan a casa.

9. El decrecimiento

Como ya hemos dicho, satisfacer necesidades no agota nuestra capacidad de desear. El capitalismo moderno siempre se enfrentó a la cuestión de ¿cómo satisfacer necesidades ilimitadas con recursos limitados? El decrecimiento es un movimiento político, económico y social que critica el paradigma del crecimiento económico. El decrecimiento pone el foco en la necesidad de reducir el consumo y la producción global, cuestionando abiertamente el Producto Interior Bruto (PIB) como indicador para medir el progreso y desarrollo de una sociedad.

El libro *Menos es más* del antropólogo especializado en economía Jason Hickel es uno de los últimos en defender esta postura porque el modelo tiene en su ADN el imperativo de crecer, «*Esto supone usar más recursos, unos recursos que son limitados. Esta época se caracteriza por un consumo y una producción por encima de los límites biofísicos del planeta*», señala Brenda Chávez, autora de libros como *Al borde de un ataque de compras*. «*Frente a una recesión inducida por una pandemia, debemos afrontar antes de lo que muchos pensábamos una economía del postcrecimiento*». El argumento es que la búsqueda del crecimiento económico como objetivo conduce a la sobreexplotación de recursos naturales, desigualdades sociales y daños ambientales irreparables está de rabiosa actualidad.

Estas propuestas no son postpandemia, en el siglo pasado ya un grupo de economistas propusieron no depender del crecimiento infinito en un planeta con recursos finitos, una reflexión que acabó convirtiéndose en el primer informe del Club de Roma, Los límites del crecimiento, la Conferencia de la ONU sobre el Medio Humano de 1972. El informe nos advertía sobre los problemas que tendríamos en caso de no modificar nuestras costumbres porque nos quedaríamos sin materias primas, especialmente petróleo, «*La última gota de petróleo se consumirá en los próximos veinte años*». Las proyecciones del informe eran también muy pesimistas para el gas natural, el cobre, el plomo, el aluminio, etc. El economista Ernst Friedrich Schumacher publicó un libro en 1973, esto viene de lejos, titulado *Lo pequeño es hermoso*, propone «*Una actitud ante la vida que busca la realización en la búsqueda resuelta de la riqueza*

—en resumen, el materialismo— no encaja en este mundo, porque no contiene en sí mismo ningún principio limitante, mientras que el entorno en el que se ubica es estrictamente limitado» o el economista francés Serge Latouche que entre los criterios básicos de la teoría del decrecimiento está la 'reconceptualización' del estilo de vida actual. Aunque las previsiones no se han cumplido, ya han pasado más, bastantes más, de veinte años y sigue habiendo petróleo; las propuestas para decrecer siguen ahí. El decrecimiento busca maximizar la felicidad, promover la cooperación entre los miembros de la comunidad y el bienestar, disminuyendo el consumo, o consumiendo de otra manera.

Sus propuestas son criticadas por los que pretenden dejar el capitalismo tal y como está y algún que otro representante de empresas no del todo DJ pero si muy tecnológicas. Bill Gates llamó en 2022 «poco realistas» a los decrecentistas, *pedir a la gente que consuma menos es una batalla perdida.* José Miguel Mulet, catedrático de Biotecnología de la Universitat de València, es uno de los más críticos. Considera que esta corriente no da alternativas para sustituir el modelo actual, *«Desde Europa se le está diciendo a China o a India, que ahora son clase media, que no coman carne o que no usen el coche cuando eso fue lo que hicimos nosotros en la posguerra. Le decimos a Brasil o Indonesia que protejan sus bosques, cuando nosotros talamos todos nuestros bosques. Aquí hay un punto de racismo o de neocolonialismo».* Los críticos con estas propuestas argumentan que gracias al crecimiento económico se reduce la pobreza. A partir de ahí unos y otros se arrojan datos sobre los límites del planeta y sobre como los índices de progreso, esperanza de vida, analfabetismo han mejorado.

No debe relacionarse la teoría del decrecimiento con el concepto de desarrollo sostenible puesto que, dadas las limitaciones de los recursos de la Tierra, sería insostenible que todas las naciones del mundo trataran de alcanzar el nivel de consumo occidental. Los decrecentistas, por lo tanto, parten de la convicción de que no se trata de incrementar el consumo hasta que todo el mundo consuma lo mismo, sino de aplicar criterios de frugalidad, reducción de la producción y disminuir el gasto de los recursos. En vez del crecimiento sostenible es el decrecimiento sostenible. El crecimiento sostenible es otra cosa, otra manera de refundar el capitalismo.

10. El crecimiento sostenible

En 1987 una comisión encabezada por la primera ministra noruega Gro Harlem Brundtland elaboró un informe para la ONU, *Nuestro futuro en común*, que enfrenta y contrasta la postura del desarrollo económico junto con el de la sostenibilidad. En este informe, se utilizó por primera vez el término desarrollo sostenible, definido como «*aquel que satisface las necesidades del presente sin comprometer las necesidades de las futuras generaciones*», buscando de esta manera armonizar las dos principales funciones de la empresa, la económica (ganar dinero) y la social (satisfacer necesidades humanas).

La sostenibilidad fue la base de la conferencia de las Naciones Unidas sobre el Medio Ambiente y el Desarrollo celebrada en Río de Janeiro en 1992 (La primera Cumbre de la Tierra se realizó en Estocolmo en 1972) en donde los países participantes acordaron adoptar un enfoque de desarrollo que protegiera el medio ambiente, mientras se aseguraba el desarrollo económico y social. La definición original del Informe Brundtland muda, por tanto, desde un enfoque centrado en la conservación del planeta y un consumo prudente de los recursos naturales hacia la idea de los tres pilares del desarrollo sostenible: el progreso económico, la justicia social y la conservación del medio ambiente. En septiembre de 2000 tras una década de reuniones, conferencias y cumbres en las Naciones Unidas los líderes mundiales se juntan en Nueva York para adoptar la Declaración del Milenio, una serie de compromisos que se traducen en ocho objetivos cuantificables —reducción de la pobreza extrema y el hambre a la mitad, la promoción de la igualdad de género o la reducción de la mortalidad infantil— a cumplir antes de 2015.

En enero de 2016, los Objetivos de Desarrollo del Milenio (ODM) fueron reemplazados por la nueva Agenda 2030 para el Desarrollo Sostenible, aprobada en septiembre de 2015 por 193 Estados miembros de Naciones Unidas, tras un proceso consultivo mundial sin precedentes de más de tres años. En este marco llegan los Objetivos de Desarrollo Sostenible (ODS), una nueva hoja de ruta que pone la Sostenibilidad en primer plano, «*Estamos resueltos también a crear las condiciones necesarias para un crecimiento económico sostenible, inclusivo y sostenido, una prosperidad compartida y el trabajo decente para todos, teniendo en cuenta los diferentes niveles nacionales de desarrollo y capacidad»*, dice el tercer punto del documento *Transformar nuestro mundo: la Agenda 2030 para el Desarrollo Sostenible aprobado por Naciones Unidas*. Los ODS son una serie de metas comunes que necesitan la implicación activa de la sociedad, los gobiernos e instituciones públicas y de las empresas de todo el mundo. La sostenibilidad parte de las Naciones Unidas en la búsqueda de la justicia y acaba afectando a las empresas y resto de instituciones. Un ejemplo de este enfoque normativo lo encontramos en la Directiva 2014/95/UE de octubre 2014 que afirma que *«la responsabilidad de las empresas por su impacto en la sociedad, es aquella que, respetando la legislación aplicable en cada estado miembro, se concreta en dos objetivos: Maximizar la creación de valor compartido para la sociedad en sentido amplio y Minimizar las consecuencias adversas mediante la identificación, prevención y atenuación de las mismas»*. Ganar dinero, pero sin cargarnos el planeta y enfrentando las consecuencias.

Este enfoque sostenible lo ha abrazado con pasión Europa. Parece que ha encontrado una manera de volver a ser relevante en la economía mundial combatiendo el cambio climático. El 'Efecto Bruselas', un término acuñado en 2012 por la profesora de Columbia Law School Anu Bradfrod, se utiliza para denominar la fuerza y capacidad que tiene la Unión Europea de crear un marco regulador común. La importancia del mercado europeo en número de habitantes y renta le otorga el poder de fijar estándares de comportamiento a las compañías. El 'Efecto Bruselas' es el modo europeo para refundar el viejo capitalismo modernista. El cambio climático es una oportunidad que no quiere dejar pasar para conseguir crecimiento.

Junto al 'Efecto Bruselas', Europa pretende influir en los foros internacionales y en sus relaciones bilaterales con países no pertenecientes a la Unión Europea con la capacidad de convicción que tiene el dinero. Junto con sus estados miembros, la Unión Europea es el mayor proveedor de financiación para la lucha contra el cambio climático del mundo. Los fondos aportan financiación a proyectos y actividades relacionados con el cambio climático en los países en desarrollo y facilitar, así, su transición ecológica y poder hacer frente a los efectos del cambio climático. La fórmula europea mezcla pedagogía, la fuerza de la narrativa verde; con el imperio de la ley, la Ley Europea del Clima; su capacidad de influir, el 'Efecto Bruselas'; y el poder del dinero, los fondos verdes.

El publicista más famoso de Madison Avenue, Don Draper, empezó una presentación hablando sobre que la palabra más importante de un anuncio es nuevo, crear anhelo… pero también habló de una profunda conexión con el producto cuando se habla de nostalgia. Nostalgia es una palabra griega que habla del dolor de una vieja herida. *«Es un sentimiento que de alguna forma se instala en nosotros y que es mucho más poderoso que un recuerdo concreto, una punzada en tu corazón más poderosa que la memoria, es una sensación capaz de trasladarnos al pasado y no tanto a un hecho determinado, sino a una emoción que ya vivimos antes»*. Una emoción que asociamos al bienestar o a la felicidad de un recuerdo, aunque no sea cierto. Al capitalismo nunca le gustó mucho el presente, siempre jugó con las expectativas de futuro o con la nostalgia del pasado. Novedad o melancolía son la base sobre la que las marcas construyen su propuesta de valor. Nada es muy distinto ahora, o el nostálgico decrecimiento que propone mirar al pasado para reducir el estrés y la ansiedad asociados al consumismo o el anhelo de un futuro más verde y mejor, en definitiva, un futuro al que se pretende llegar a golpe de normativa. A inicio de 2024 en la Unión Europea había activas 621 iniciativas de tipo Derecho duro o positivo, y 563 de Derecho blando o no vinculante. Algo similar pasaba en Estados Unidos con 649 de Derecho duro y 381 de Derecho blando.

El viejo capitalismo pretende refundarse mirando al pasado o mirando al futuro; pero, en definitiva, refundarse. Ambos enfoques, sobre todo el de crecimiento sostenible, está en un punto cero de la verdad. Su gran reto. El reto de todas las palabras que gozan de prestigio, nadie va a decir que es insostenible, decir que se apuesta por la sostenibilidad es muy parecido a no decir nada. La sostenibilidad tiene que optar entre un futuro posmodernista que en vez de imaginárnoslo lo acabamos sepultando en métricas, normativas y objetivos. *Yo busco un sueño, tú un objetivo*, ya saben. Fragmentado, con los esfuerzos puestos en el cumplimento y no en el reconocimiento. Una propuesta que corre el peligro de caer por el efecto 'Velvet Underground'. Una banda de rock que estuvo activa apenas una década. Estaba liderada por Lou Reed y John Cale y no tuvo mucho éxito comercial, apenas vendió unos miles de discos durante su carrera, pero hoy se considera a la banda como uno de los grandes referentes del rock. La Velvet sólo fue reconocida una vez que desapareció. A una situación parecida se enfrenta la sostenibilidad en particular y el capitalismo tradicional en general, que sólo sea reconocido una vez que haya desaparecido. El capitalismo necesita una narrativa que le ponga de nuevo en valor, una narrativa que explique cómo contribuye al progreso de la sociedad, sino corre el peligro de que las empresas DJ, tan posmodernas, acaben con él.

11. Final: las empresas DJ

Mientras pasan todas estas cosas, las empresas DJ con su fuerte componente tecnológico siguen creciendo. Ellas no se tienen que refundar porque no son capitalistas, al menos no capitalistas tal y como conocíamos, son de otro tipo de capitalismo, el capitalismo posmoderno donde han encontrado y creado su hábitat.

Las empresas DJ se han convertido en una parte fundamental de nuestras vidas. Han dado paso a una actividad económica mediante plataformas tecnológicas que facilitan comunidades de usuarios para que colaboren entre sí. Los avances tecnológicos han provocado que cada vez más sectores de la economía hagan negocio mediante estas plataformas que sincronizan, de manera más eficiente que la tradicional, la oferta y demanda en tiempo real. La relación entre el que consume y el que produce se ha visto facilitada por el desarrollo de este modelo. El consumidor está encantado porque le ofrecen la oportunidad de satisfacer sus necesidades no sólo de manera más eficiente, sino, también, pagando menos. Compran más barato y pueden elegir entre una oferta mucho más amplia, ahorrando tiempo e, incluso, obteniendo una retribución complementaria cuando desean ofrecer algún bien o servicio a través de la propia plataforma (prosumidor) La frontera entre consumidores y productores es cada vez más difusa. Una intermediación que hace bandera de la confianza y la transparencia. Consumidores y productores se evalúan de manera transparente y a la vista de todos, premian a los buenos y penalizan a los malos. Un ejemplo de cómo el viejo conocimiento experto ha sido sustituido por la valoración de la comunidad.

Estos modelos también traen un cambio en la estructura financiera de empresas y sectores al reducir de manera brutal los costes. Costes que tradicionalmente recaían en átomos y ahora pasan a bytes trayendo economías de Long Tail o Larga Cola en palabras de Chris Anderson. Mientras en los modelos tradicionales la oferta se concentraba en un puñado de productos con amplia demanda para conseguir una ventaja competitiva sostenida en las economías de escala, estos nuevos, al pasar de átomos a bytes, disminuyen los costes de producción, información y distribución, la economía de escala no viene por los costes sino por el número de usuarios. Estos gigantes tecnológicos explotan las plataformas de manera más eficiente que el resto de las compañías y dan lugar a un curioso fenómeno, cuantas más personas utilicen el servicio más valor tiene la plataforma, sin importar si ganan o pierden dinero, porque lo que importa son los usuarios. Uber cerró 2019, último año pre-pandemia, con unas pérdidas de 7.751 euros; en mayo de 2019 salió a bolsa con una valoración inicial cercana a los 80.000 millones de dólares. Los beneficios han dejado de ser importantes, al menos para estos modelos, una encuesta realizada por el profesor de la Universidad de Florida Jay Ritter, arrojó que el 81% de las 134 que se estrenaron en la bolsa de Estados Unidos en 2018, fue hecho por compañías que tuvieron pérdidas en el año anterior a su debut en bolsa. Las viejas compañías de capitalismo modernista con sólidos resultados durante décadas son menos valoradas que estos modelos postmodernistas que aún no conocen los beneficios.

Este cambio afecta a la estrategia. Una ventaja competitiva es una característica de la empresa que le permite ser comparada con otras, competir, de manera exitosa. El mítico profesor de Harvard, Michael Porter, hablaba de dos grandes modelos para competir, hacer algo distinto que tu competencia y que el mercado valore o hacer lo mismo que los demás, pero más barato. Ofrecer algo diferente tenía que ver con la innovación, más barato con la eficiencia, con el liderazgo en costes. Todas las compañías de todos los sectores tenían identificadas sus ventajas competitivas, el BBVA sabe competir con el Santander y al revés, como cualquier hotel Meliá sabe hacerlo con NH o Toyota con VW; lo que no parece es que estén tan preparados para hacerlo con Facebook, que amenaza con sacar una criptomoneda propia, con AirBNB o con Tesla; de hecho, Tesla, está más preocupada con Google, el gigante de la publicidad, que con los dos gigantes del automóvil. Los modelos clásicos para competir ya no sirven en este capitalismo posmodernista. El capitalismo moderno permitía que modelos de margen como El Corte Inglés, donde *hay de todo,* aunque haya que pagarlo, convivieran con modelos de rotación, Mercadona, *SPB, siempre precios bajos.* Un modelo que salta por los aires cuando Amazon es capaz de ofrecer más surtido que El Corte Inglés a precios más bajos que Mercadona.

Las empresas DJ son buenos ejemplos de la disrupción de la tecnología, una disrupción que viene de la suma de muchas y diferentes tecnologías, tecnologías que tiene que ver con la biotecnología (vida artificial), con las tecnologías de la información (internet), con la cognotecnología (inteligencia artificial, Big Data, internet de las cosas) y con la nanotecnología (chip). La revolución tecnológica son muchas revoluciones en una y está arrastrando a muchas empresas de sectores tradicionales sinónimo de solidez en otro tiempo y que ahora sólo son capaces de competir buscando la eficiencia mientras destruyen empleo. Un informe de Mckinsey (*Un futuro que funciona: automatización, empleo y productividad,* publicado en 2017) afirmaba que antes de 2030, 800 millones de trabajadores podrían perder sus trabajos en pro de los robots y los cobots (robots colaborativos), Mckinsey siempre transmitiendo esperanza. Otro estudio del Massachusetts Institute of Technology (MIT) dice que un robot sustituye de media seis puestos de trabajo y provoca que bajen los salarios un 25%. Ya en 1997 el economista Jeremy Rifkin pronosticó *El fin del trabajo.* En 2019 el Foro Económico Mundial señalaba que en cinco años las principales economías del mundo perderían siete millones de empleos. En 2008 en España trabajaban en banca 278.301 profesionales y 2019 se cerró con 176.838

según datos del Banco de España. ¡Cien mil empleos menos! Y la cosa no se queda ahí, a finales de 2022 los empleos han bajado hasta los 160.000 y siguen fusionándose bancos y reduciéndose el empleo.

El sufrimiento que nos trae la incertidumbre y la pérdida de confianza en el progreso ha provocado un fenómeno curioso. La sociedad culpa a las compañías tradicionales, las grandes destructoras de empleo, bancos, compañías aéreas, constructoras, fabricantes de automóviles que no sean TESLA, etc. de la desigualdad, de la pérdida de expectativas, del cambio climático, etc., mientras comparte la foto de las barricadas en el Instagram instalado en su Iphone, busca información en Tik Tok, compra en Amazon, liga en Tinder y se informa en X, antes Twitter.

Maneras de vivir es una canción de Leño que se lanzó a principios de los ochenta, *No sé si estoy en lo cierto, lo cierto es que estoy aquí*, canta Rosendo Mercado. Rosendo tiene al menos claras dos cosas. Son tiempos inciertos, él no sabe si está en lo cierto; pero, lo cierto es que está aquí, una declaración de compromiso con la realidad y con el presente porque ahora, con la llegada de las empresas DJ, hemos incorporado al pasado y al futuro una tercera dimensión, las realidades paralelas. Cualquier cosa menos estar aquí. Escribe Manuel Jabois en *El País* «[...] *relaciones de 200 mensajes al día, intercambios de fotos y enganches adictivos a otra persona sin tocarla se mantengan para 'no poner los cuernos' es la broma definitiva: hay más cuernos en un 'buenas noches' desde la cama mientras ves una serie con tu pareja que en un polvo rápido, o dos, con una persona desconocida en un ascensor*». Las empresas DJ nos dan la posibilidad de vivir otras vidas, de vivir en Roma, como ya hemos dicho, como un romano sin serlo; de tener una relación de «200 mensajes al día» sin que sea en realidad una relación. A lo largo de la historia de la filosofía, los filósofos han tratado de abordar el problema de la realidad proponiendo diversas teorías y respuestas. Vivimos en una nueva posmodernidad porque las empresas DJ han transformado el espacio público. La realidad es la que embrida nuestras opiniones, pero ahora con la caída de las narrativas, todas las opiniones se confirman con los clicks o me gustas que nos da la comunidad de manera inmediata y sobrexcitada. La comunidad participa, el *work in progress*, y considera que su derecho a vivir experiencias, a ser extraordinario, a expresarse también le da derecho a interpretar la realidad, sin tener en cuenta que hay realidades que son verdad y otras no. La realidad, *no depende*. Las empresas tradicionales y los pilares sobre los que se apoyaban se han asustado y andan en busca de sentido, todas hablan del propósito, aunque no saben muy bien qué es, y pretenden refundar el capitalismo para salvar los muebles. Unos muebles que está arrasando esta nueva posmodernidad porque todo tiene consecuencias, claro, para el trabajo, para la inversión y para la sociedad.

Referencias bibliográficas

ANDERSON, CHRIS (Ed. 2017). *La economía Long Tail.* Editorial Tendencias (España).

ARSUAGA, JOSE LUS. *BBC News, Leire Ventas.* 29 de enero de 2021.

BRADFORD, ANU. «The Brussels Effect». *Northwestern University Law Review 107.* Columbia Law and Economics Working Paper No. 533, 2012.

BRAUDILLARD, JEAN (Ed. (Ed. 2018)2009). *La sociedad de consumo: Sus mitos, sus estructuras.* Siglo XXI (España).

CASTELL, MANUEL. *Internet y la sociedad en red.* Conferencia de Presentación del Programa de Doctorado sobre la Sociedad de la Información y el Conocimiento. Universitat Oberta de Catalunya, 7 de octubre de 2000.

CHÁVEZ, BRENDA (Ed. 2019) *Al borde de un ataque de compras, 73 claves para un consumo consciente.* Editorial Debate (España).

COMISIÓN MUNDIAL DEL MEDIOAMBIENTE Y DESARROLLO. *Nuestro futuro común.* 1987.

CUENTO, JUAN. *Llega un disc-jockey libre y salvaje* Revista Triunfo. Año XXXIV, n. 1 (1 nov. 1980),p. 59-63.

DELEUZE, GILLES y GUATTARI, FÉLIX (Ed. 1998). *El Anti Edipo. Capitalismo y esquizofrenia.* Editorial Paidós, (Buenos Aires, Argentina).

FUKUYAMA, FRANCIS. «El final de la Historia». *Revista The National Interest* nº 16.1989.

GALEANO, EDUARDO. «El derecho de soñar». *Pressenza International press agency.* Redacción France, 5 de mayo de 2017.

GOMÁ, JAVIER. «Raptado por las musas». *El País*, 17 de octubre de 2013.

HEATH, JOSEP Y POTTER, ANDREW (Ed. 2005). *Rebelarse Vende: El negocio de la contracultura*. Editorial Taurus (España).IRIS SIMÓN, ANA (Ed. 2022). *Feria*. Editorial Círculo de Tiza (España).

HICKEL, JASON (Ed. 2023) *Menos es más*. Editorial Capitan Swing Libros (España).

JABPOIS, MANUEL. «Hay más cuernos en un 'buenas noches'». *El País*, 16 enero 2019.

LIPOVETSKY, GILLES (Ed. 2006). *La era del vacío: Ensayos sobre el individualismo contemporáneo.*. Editorial Anagrama S.A.U (Barcelona, España).

LYOTARD, FRANÇOIS (1989). *La posmodernidad: (Explicada a los niños)*. Editorial Gedisa.

MARCO, CARLOS. Carlos Marco. «La historia que esconden otras 16 actuaciones memorables de rock que se pueden ver gratis en YouTube». *El País,* 27 de abril de 2020.

MARTÍNEZ BASCUÑAM, MARIAM. «La impotencia de la democracia». *El País*, de 29 de diciembre 2019. Secc. IDEAS.

MELÉNDEZ, JEAN. *Nietzsche: la interpretación como libertad del hombre*. Revista SIC. Octubre, 2021.

PACKARD, VANCE (Ed.1966) *Las formas ocultas de la propaganda*. Editorial Sudamericana.

PERALTA, LUIS ALBERTO. «El decrecimiento: ¿encoger la economía para salvar el planeta?». *Cinco Días*, 27 de junio de 2023.

PINKER, STEVEN (Ed. 2018)). *En defensa de la Ilustración.* Editorial Paidós (España).

PORTER, MICHAEL E (Ed. 2017). *Ser competitivo.* Editorial Deusto.

SCHUMACHER, ERNST FRIEDRICH (Ed. 2011). *Lo pequeño es hermoso.* Ediciones Akal (España).

VALERY, PAUL. *Fragmentos narrativos.* Editorial Dois Dias (Portugal).

VERDÚ, VICENTE. (Ed. 2006) *Yo y Tú, objetos de lujo: La primera revolución cultural del siglo XXI* . Editorial Debate. (Madrid, España).

WAGENSBERG, JORGE. «El progreso en aforismos». *El País,* 30 de enero 2020.

WEBER, MAX (Ed. 2013) *Modernidad y capitalismo.* Intervención cultural (España).

2

¿QUÉ CONSECUENCIAS TIENE EL POSCAPITALISMO?

1. El mito de la productividad y el fin de la clase media laboral

Uno de los principales afectados por este mundo tan posmodernista ha sido el trabajo. En el capitalismo tradicional el camino del progreso venía por trabajar en astilleros, minas, grandes empresas industriales, un pelopaternalistas, donde jubilarse. Ahora ya no. El progreso no es para todos, y muchos se sienten excluidos de la fiesta. La tecnología, junto con la globalización, provocó que muchos trabajos se externalizaran buscando salarios más bajos y menos derechos laborales. El trabajo como vía para el progreso descarriló. La clase media laboral sobre la que se sostenía nuestro sistema cultural cada vez es más delgada.

Todos esperábamos que estas nuevas tecnologías iban a mejorar el mundo, nos ayudarían a progresar gracias al aumento de la productividad, permitiendo que cada vez más personas accedieran a bienes y servicios mejorando sus condiciones de vida. Pensábamos que la clase media sería cada vez más numerosa. Henry Chesbrought, por entonces profesor de Harvard, publicó un libro, *Innovación abierta*, donde auguraba un futuro esplendoroso gracias a la innovación que traía la tecnología. Hoy, casi dos décadas después, se pregunta, «*¿por qué si la tecnología mejora sin parar la productividad, los sueldos se estancan?*». La respuesta es que la tecnología no necesariamente mejora la productividad, al menos no para todo el mundo.

Según un informe de la OCDE publicado en 2015, «*la productividad se ha desacelerado a partir del año 2000, incluso antes de la crisis, en parte como consecuencia de una ralentización en la difusión de las innovaciones punteras mundiales a otras empresas […] El aumento de la productividad de las empresas más eficientes a nivel mundial siguió siendo sólido en el siglo XXI, pero la brecha entre las empresas de elevada productividad y las demás se ha ido ampliando con el tiempo*». Además, existen grandes disparidades en la productividad laboral entre países, y España anda ahí. El Instituto de Estudios Económicos publicó en julio de 2024 un informe titulado *La productividad como el gran reto pendiente de la economía española* donde señalan que «*En el año 2023, la renta per cápita relativa española frente a la de la UE se situó en el 89,2%, cuando, en el año 2018, llegó a alcanzar el 92,5%, lo que supone un retroceso de más de 3 puntos relativos. La pérdida de convergencia real en España en el último quinquenio se explica por su caída de la productividad por ocupado (1,9%) frente al aumento de la productividad por ocupado registrado en la UE (incremento de 1,3%)*». España no es productiva, o al menos no tanto como debería, y la tecnología tiene que ver con esto.

En el último libro de Chesbrough, *Open Innovation Results*, admite el fracaso de sus predicciones y da tres razones para explicarlo:

- Los problemas de medida que nos llevan a medir lo que no es necesario medir, y en esto coincide con los decrecistas y su crítica al PIB como indicador de progreso.

- La diferencia entre un tipo de empresas que sí están consiguiendo altos aumentos de la eficacia y el resto, la brecha de la que hablaba el informe de la OCDE; brecha, en definitiva, entre las posmodernistas empresas DJ y las modernistas del capitalismo tradicional.

- La falta de infraestructuras para que las innovaciones se difundan. La innovación tecnológica no está llegando a todo el mundo y la desigualdad no para de crecer.

Thomas Piketty se ha consagrado como uno de los economistas más citados e influyentes tras la publicación de su libro *El Capital del siglo XXI*, que ha contribuido a colocar la desigualdad de rentas y patrimonio en el centro del debate. Una forma de medir la desigualdad es mediante el coeficiente de Gini, en una escala de 0, igualdad absoluta, y 1, desigualdad absoluta. Según datos de la OCDE, Europa está entre el 0,2 y el 0,35; y en Estados Unidos en el 0,39; en países como Brasil o Sudáfrica, en cambio, está entre el 0,47 y el 0,62, respectivamente. Curiosamente cuando la desigualdad entre países ha disminuido, el aumento de la desigualdad interna aumenta. Siempre que se habla de desigualdad cabe preguntarse si una distribución igualitaria de ingresos es más justa o si los indicadores como el coeficiente de Gini son válidos. Pero, la desigualdad está ahí porque muchas personas, por edad, por geografía, por conocimientos, por sexo, no tienen acceso a las mejoras tecnológicas.

El 90% de los nacidos en 1945 se ganaban la vida mejor que sus padres, mientras que entre los nacidos a partir de 1980 sólo lo han conseguido el 50%. Son datos de Opportunities insight. El Banco de España señala que los jóvenes que tienen hoy 30 años viven peor que los que tenían 30 años hace una década. *People try to put us d-down (Talkin' 'bout my generation),* suena The Who. Unos The Who que hay que mezclar con el tractor amarillo, *que es lo que se lleva ahora.* Según Eurostat en los 28 Estados miembros de la Unión 113 millones de personas viven en hogares en riesgo de pobreza o exclusión social. En 14 Estados europeos, el riesgo de pobreza es mayor en las zonas rurales que en las urbanas. En ocho países miembros de la Unión Europea, la población rural en riesgo de exclusión se sitúa entre el 30% y el 40%: Grecia, Lituania, Letonia, Croacia, Chipre, Hungría, España e Italia.

En el libro *El futuro del capitalismo,* Paul Collier señala a la geografía como una de las razones de por qué la sociedad se está desgarrando, «*Tras un largo periodo de reducción de las desigualdades económicas geográficas, recientemente han aumentado con rapidez. En Estados Unidos, Europa y Japón las áreas metropolitanas han adelantado al resto de la nación. No sólo se están volviendo mucho más ricas que las provincias, sino que se están distanciando socialmente y ya no son representativas del país del que a menudo son la capital».* Una brecha que también depende de la zona del planeta donde vives, en África sólo el 39,3% de sus habitantes viven conectados, frente al 87,2% de los europeos y el 94,6% de los norteamericanos.

Suena Jorge Drexler, *que viva la telefonía.* La Unión Internacional de Telecomunicaciones (UIT), el organismo especializado de las Naciones Unidas, publicó un informe titulado *El eslabón perdido*, en el que llamaba la atención sobre el desequilibrio que se daba en el acceso telefónico entre los países desarrollados y los que estaban en desarrollo. Este desequilibrio no se está dando sólo en el acceso, sino que también ocurre entre los que tienen conocimiento y utilizan la tecnología de manera habitual y los que no. Tradicionalmente la brecha digital se consideraba una cuestión principalmente de acceso, pero en la actualidad, con una penetración global de teléfonos móviles de más del 95%, la desigualdad ya no se plantea por ahí, sino que se plantea entre los que tienen más y menos ancho de banda y más o menos habilidades para usarla. Según la citada UIT, hay 40 países en los que más de la mitad de sus habitantes no saben aDJuntar un archivo a un correo electrónico. Una brecha que se ha hecho mucho más evidente con la pandemia del COVID. El acceso a internet ha permitido a muchos trabajadores y estudiantes seguir con sus vidas más o menos como antes gracias al teletrabajo o la educación online, pero esa realidad no ha sido igual para todos, según la UIT, de nuevo, a finales de 2019, la mitad del planeta no tiene acceso a internet. Dos de cada tres niños en edad escolar en el mundo no tienen conexión a internet, según un informe de Unicef. En España, según datos del INE, un 93% de los alumnos españoles entre 10 y 15 años puede acceder a internet, pero ¡todavía un 7% de estos estudiantes no cuenta con un dispositivo desde el que acceder! Una brecha, por lo tanto, que afecta a la educación y al trabajo. Una brecha que afecta más, ¡cómo no!, a las mujeres que, a los hombres, 52% de las mujeres y 42% de los hombres del mundo.

La consecuencia de mezclar The Who, con el tractor amarillo y Jorge Drexler es que en el mundo del trabajo están surgiendo dos tipos de clases laborales, la antigua clase media laboral del capitalismo tradicional sobre la que se sostenía nuestro sistema cultural se está partiendo en dos; y en el posmodernista mundo DJ cada vez se separan más una de otra, por un lado, los Bobos y por el otro el precariado.

Los BoBos (acrónimo de «Bourgues» y Bohemio) son una clase de profesionales urbanos satirizadas por el columnista del *The New York Times* David Brooks en su libro *Bobos en el paraíso*, «*un colectivo criado en la prosperidad y de selecta formación*». Los BoBos son en esencia la clase creativa, la base de las investigaciones del profesor de geografía y crecimiento económico Richard Florida, que es conocido por sus teorías sobre la clase creativa y sus implicaciones en la geografía urbana. La clase creativa está formada por trabajadores del conocimiento, intelectuales y diversos tipos de artistas, a los que podríamos añadir los tecnólogos que trabajan como personal cualificado en estas empresas DJ de base tecnológica. Florida sostiene que

las áreas metropolitanas con alta concentración de trabajadores creativos se asocian con un elevado nivel de desarrollo económico. Parte de la pregunta, «*¿por qué determinadas zonas atraen talento y otras lo repelen?*». Y llega
a la conclusión que las zonas donde se da una mezcla de
talento, tecnología y tolerancia, atraen a este tipo de trabajadores, los BoBos, y, con ellos, el desarrollo económico.
Las teorías de Florida han sido muy controvertidas, una de
las principales críticas que se le hacen es la de que potencia
el elitismo. Un elitismo que no creo que se produzca como
consecuencia de sus teorías, pero que está ahí.

Frente a esta élite aparece una nueva clase trabajadora,
el precariado, en palabras del profesor e investigador de
la Universidad de Londres, Guy Standing. Una mezcla de
precarios y proletarios. Un grupo de personas con una situación laboral incierta, con pocas certezas sobre su futuro,
a los que la flexibilidad laboral que requieren estos tiempos
posmodernos les hace muy vulnerables. El precariado es
un colectivo heterogéneo formado por inmigrantes, trabajadores sobrecualificados en conocimientos que ya no
sirven, trabajando en el sector servicios, infracualificados,
madres solteras, jóvenes procedentes de áreas deprimidas,
parados de larga duración y mujeres, *demasiadas mujeres*.
Los trabajos tradicionales de los que hablábamos al principio del capítulo están siendo sustituidos por trabajos de
peor calidad en el sector servicios, en el turismo y el 'fre-
elancismo', la palabra *cool* para definir a muchos autónomos, falsos autónomos que trabajan en las empresas DJ.
Abundan los autónomos. No es que no se cree trabajo, es
que el que se crea no es bueno. Cada vez hay más perso-

nas con poca cualificación que reciben salarios precarios porque las habilidades requeridas para hacerlos son muy bajas. La novedad viene porque trabajadores cualificados como la mano de obra industrial, pero incluso profesionales como médicos, periodistas o profesores, están viendo cómo sus habilidades se quedan obsoletas arrastradas por el desarrollo tecnológico. La consecuencia es que un gran número de ciudadanos ocupan trabajos de baja remuneración cuya principal responsabilidad empieza a ser velar por la salud y la comodidad de esos BoBos en el paraíso. El precariado al servicio de los BoBos.

El profesor del MIT, David Autor describe esta situación como unas pesas, muy estrecho en el centro y pesado en los extremos. Sueldos altos para los BoBos y bajos para el precariado y el medio de las pesas cada vez más fino. Según datos de la Organización Internacional del Trabajo (OIT), sólo la mitad (el 51,4%) de los ingresos mundiales se generan a través del empleo, el resto de los rendimientos viene de las inversiones. Además, y seguimos con datos de la OIT, los sueldos se reparten de manera muy desigual, de cada 10 € de salario, 5 € van al 10% de los trabajadores, a esas clases creativas y urbanas de las que habla Florida, los otros 5 € se reparten entre el 90% de los trabajadores; pero tampoco lo hacen de manera equitativa, la mitad de ese 90% de trabajadores sólo reciben el 7% de los 5 €, estos son los ingresos del precariado. Un precariado con más mujeres que hombres. Según Oxfam Intermón, en todo el mundo tanto mujeres como hombres experimentan la precariedad laboral, bajos salarios y malas condiciones; sin embargo, las mujeres están más perjudicadas, el 58%

de las personas en situación de vulnerabilidad laboral son mujeres. En Europa tienen que trabajar 59 días más al año que los hombres para ganar lo mismo y según la encuesta de estructura salarial de 2021 (EES) en España el salario medio anual fue de 25.896,82 €, el salario medio de las mujeres alcanzó los 23.175, 95 € frente a los 28.388,69 € que ganaron los hombres.

Los trabajadores de los astilleros, minas, grandes empresas industriales que formaban la clase media laboral en el capitalismo tradicional, los administrativos de cuello blanco o los cualificados de mono azul, pueden ser sustituidos por un software y esto no parece que sea muy halagador como para confiar en el progreso, la poderosa clase media, cada vez es más pequeña afrontando el futuro con desconfianza. La falta de confianza hace que el compromiso, una vez más, decaiga. El catedrático de la Universidad Complutense de Madrid Justo Villafañe señala que «*Tradicionalmente no se ha distinguido entre personas satisfechas y personas comprometidas en la gestión del talento en las organizaciones*». En su estudio *Claves empíricas de la satisfacción y el compromiso del talento en las organizaciones* señala que «*lograr la evolución desde organizaciones satisfechas hacia organizaciones comprometidas es el reto que plantea la gestión del talento*». Un compromiso de nuevo del que todo el mundo habla, pero que ninguno acaba de conseguir. De la modernista satisfacción al compromiso posmodernista en tiempos descomprometidos. Son tiempos contradictorios, de cuadrar la rueda. El mercado laboral se parte en dos y la consecuencia es que el compromiso con los proyectos empresariales desaparece.

A este panorama muchos le han encontrado una explicación fácil. Hacen falta líderes, ya no hay líderes como los de antes, en una nueva llamada a la nostalgia. Continuamente se habla de liderazgo, aunque nadie sabe muy bien qué es. Como señala Adela Cortina, «*no es fácil saber qué es eso del liderazgo ni cuál es deseable*». Autores como Rost recogen 221 definiciones de la palabra, atendiendo a distintos contextos históricos, lo cual hace sospechar que debe haber muchas más, una infinidad. Cuando se puede definir de 221 maneras algo, es que no se tiene claro lo que significa. En un paseo por Linkedin encontramos multitud de *coacher*, terapeutas holísticos, especialistas en marca personal y por ahí que hablan sin parar de liderazgo y los diferentes estilos que existen. Malas noticias, ningún líder va a ser capaz de darnos lo que esperamos de ellos en este posmodernista mundo empresarial.

2. El liderazgo ya no es lo que era

Kahuma es como se llama en Hawái a unos peculiares personajes que viven en sus tribus. Los hay de varios tipos y se caracterizan por tener una serie de privilegios con los que no cuenta el resto, tienen prioridad para escoger qué ola surfean, y eso en Hawai tiene su importancia; su cabaña se sitúa en la mejor zona del poblado; y sus tierras son las mejores y más fértiles; pero, sobre todo, mandan sobre el resto. ¿A cambio?, a cambio de adivinar el futuro. Si progresar, como hemos dicho, es ganar independencia respecto a la incertidumbre, conocer el futuro nos hace más independientes. La tribu concede privilegios al kahuma y en contrapartida el kahuma les reduce la incertidumbre diciéndoles lo que va a pasar. El liderazgo empresarial siempre ha tenido un poco de esto, los que mandaban tenían privilegios con respecto al resto, ganaban más dinero, aparcaban más cerca de la puerta y su despacho era más grande, la contrapartida era que tenían que adivinar el futuro para disminuir la incertidumbre al resto de la tribu.

Desde siempre hemos intentado conocer el futuro, nos disgusta la falta de certezas. Preferimos la comodidad de hacer nuestros planes sin sobresaltos. Adivinar el futuro es una de las fuentes de autoridad. Los adivinos siempre han gozado de prestigio y en cualquier organización humana encontramos gente dispuesta a obedecer a cambio de certezas para seguir con sus rutinas. Una rutina que se altera cuando el futuro no es lo que esperábamos. El filósofo Daniel Innerarity propuso bautizar al año 2018 (todavía sin atisbos de pandemias) como el año de la volatilidad, un año caracterizado por la impredecibilidad. El futuro se basa en probabilidades, y en estos tiempos cada vez sucede más lo que en principio parecía que tenía menos posibilidades de suceder. *En una situación de volatilidad, por el contrario, no hay nada estable arriba o abajo, ni centro o periferia...* Con la volatilidad la costumbre se ve alterada. La costumbre es una manera cómoda de comportarnos que necesita estabilidad. El problema es que los kahumas tradicionales que nos daban esa estabilidad están fallando, su autoridad se tambalea *y la distinción entre nosotros y ellos se torna borrosa. Ésta es la razón por la que, hablando con propiedad, ya no hay revoluciones sino algo menos visible, menos épico, rotundo y puntual; las transformaciones sociales no son la consecuencia de acciones intencionales, planificadas o gobernadas y las degradaciones de la democracia son más bien procesos de desvitalización; se parecen más al resultado azaroso de la simple agregación de voluntades, donde hay menos perversión que estupidez colectiva.* Estamos cambiando las revoluciones por la inocua queja, un camino bastante certero para alcanzar esta estupidez colectiva.

El historiador argentino Daniel Larriqueta define el populismo como la subordinación permanente del largo plazo al corto plazo, algo que tiene sentido cuando te comportas como si nuestro comportamiento no tuviera consecuencias. La estupidez colectiva se caracteriza por el abuso de los recursos compartidos y el desprecio por las consecuencias; la queja continua y el adanismo que nos lleva a reinventar continuamente la rueda. No sabemos qué hacer en la incertidumbre a pesar de que Linkedin está lleno de frases del tipo, *sólo podemos estar seguros del cambio,* ¡Adanismo en vena!

¿Quién se ha llevado mi queso? es un librito que se publicó hace ya años, pero aún es muy de estos tiempos. Es un libro sencillo, corto y de ratones. Su propuesta es que ante la incertidumbre nos calcemos las botas para salir al laberinto de estos tiempos salvajes, pero sin hacernos muchas preguntas porque son una pérdida de tiempo. Hacer sin pensar porque el pensamiento no se mezcla bien con la cultura de la inmediatez, hacer, hacer, hacer, olvidando que nada hay más práctico que una buena teoría. La estupidez colectiva no es exclusiva de estos tiempos, a lo largo de la Historia ha habido muchos episodios con esta estupidez; situaciones de las que acabábamos saliendo porque

un recordado líder nos guiaba para salir de esa situación. Unos líderes que en estos tiempos DJ tan posmodernista no aparecen, los líderes posmodernos son otro tipo de líderes. El liderazgo posmoderno se sostiene en dos pilares, la vetocracia y la cultura de la cancelación. Queja y el aburrimiento.

El viejo modelo nos permitía tomar decisiones según interpretaba el kahuma el futuro. En esta circunstancia estaba claro quién era el responsable y de qué, a quién rendíamos cuentas, quién capitalizaba los aciertos y se llevaba la gloria y quién se responsabilizaba de los errores. Los antiguos kahumas organizacionales nos quitaban libertad; pero la orientación que nos daban lo compensaba. Cuando los kahumas ya no nos pueden dar certezas, sucede que la naturaleza del poder cambia, «*El poder ya no es lo que era*», en palabras de Moises Naim. La fragmentación del poder, por seguir con Naim, ha supuesto una incapacidad de tomar decisiones dentro de las organizaciones dando lugar a un curioso fenómeno que el ya citado Francis Fukuyama ha denominado *vetocracia:* multitud de grupos o individuos con capacidad de decir no, pero con poca capacidad para decir sí. La consecuencia es que en las organizaciones tradicionales nadie toma decisiones, pero muchos se quejan oponiéndose a todo. No, no y no. El liderazgo ahora es vetocrático, perdidas las grandes narrativas, los sueños, que daban sentido a las decisiones nos perdemos en la queja, oponerse no necesariamente está fundamentado, me opongo porque me aburre y siempre es más entretenido decir no que proponer algo. La propuesta requiere pensar y pensar suele ser lento, algo complicado en tiempos rápidos. Se ha sustituido el lento pensamiento por la rápida ocurrencia, ocurrencias muy adanistas que acaban generando la entretenida polarización. Esto pasa continuamente en las empresas, se piensa en áreas o departamentos, nadie tiene una propuesta de sentido para la compañía, a menudo se toman las decisiones porque las ha tomado el del lado sin pararnos mucho a analizar si tienen o no sentido. Nos volvemos conspiranoicos olvidando que, como decía Innerarty, *«hay menos perversión que estupidez colectiva»*. Los desastres empresariales se producen más por incompetencia que por mala voluntad, nadie es responsable de las consecuencias, ni tan siquiera pensamos en ellas.

Junto a la vetocracia otro hecho cultural también dificulta que se tomen decisiones, la cultura de la cancelación. El novelista y ensayista Andrés Barba lo define como hacer un llamamiento a boicotear a cualquier celebridad que haya tenido una conducta delictiva, machista, racista u homófoba para ser ajusticiada con la inexistencia, con la cancelación sin posibilidad de redención. A Andrés Barba le despierta la nostalgia acordarse *«de cuando opinábamos que la cultura de la denuncia en redes era una forma de regular mediante un sano oprobio social los comportamientos e ideologías que 'deberían de ser corregidos', cuando nos parecía una democratización oxigenante que se ampliara la autoridad que decía a quién se ponía en la picota digital. Pensábamos que al fin y al cabo de lo que se trataba era abrir el marco sancionador, y que cuantas más voces estuvieran habilitadas a sancionar, más probable sería que dejaran de irse de rositas a los de siempre».*

Las empresas DJ nos dan la posibilidad de quejarnos ajustando cuentas con «Los de siempre», la casta, las élites, etc. en un mundo hipertransparente. La transparencia ahora es hipertransparencia, todo es comprobable. La ausencia de narrativas de sentido provoca que sea muy difícil proteger cualquier comportamiento corporativo por intencionado que sea de la opinión pública, una opinión abducida por la posibilidad de entretenerse, mientras se quejan en tiempo real en estas plataformas que les facilitan las empresas DJ. La queja crea la sensación que responsabilizamos a alguien; aunque la realidad es que no sabemos quién es. Nos quejamos de comportamientos reprobables para entretenernos, no porque tengamos realmente la convicción de que vamos a cambiar, todo nos escandaliza y cuando todo es un escándalo, ya nada es un escándalo. La cultura de la cancelación somete a los antiguos líderes empresariales a una presión que no estaban acostumbrados a manejar, su vida queda expuesta en las redes sociales y, en palabras de David Trueba, ni Dios pasaría hora el control de Twitter, ahora X. Los antiguos kahumas se encojen ante este estado de opinión y se preocupan más de sus bonos que de pensar estratégicamente para dar una propuesta de sentido a su compañía.

Los ciudadanos buscan certezas que los kahuma ya no les pueden dar, cayendo con frecuencia en la queja fácil del no, no, y no, mientras se buscan culpables y aparecen conspiraciones por cualquier lado. En estos tiempos posmodernistas no hay responsables, hay culpables. La consecuencia es que consideramos que no hacen falta líderes. Cuando más se habla de liderazgo, menos falta parece que hace porque está siendo sustituido por inteligencias mucho más eficientes para adivinar el futuro. Las empresas DJ se adaptan a estas nuevas inteligencias con facilidad, mientras las tradicionales se enredan con los objetivos.

3. Inteligencia artificial

El pensador y matemático Gottfried Leibniz publicó *Disertación sobre el arte combinatorio,* inspirado en los escritos *Ars Magna* de Raimundo Lulio. Leibniz y Lulio creían que si fuéramos capaces de reducir el pensamiento humano a números, una máquina podría ser inteligente hasta el punto de sustituir a los humanos. El propio Leibniz en su tesis *Sobre casos perplejos en Derecho* demostraba que las máquinas podían sustituir a un juez. La Inteligencia Artificial (IA) no es tan nueva, aunque se ha convertido en un fenómeno central de nuestra época porque no es una simple herramienta, integra una amplia gama de enfoques y tecnologías con el objetivo de simular la inteligencia humana poniendo, una vez más, en cuestión nuestro sistema cultural.

Volvamos al consumo, el marketing contaba con una herramienta que le ayudaba a tomar sus decisiones, la segmentación. La herramienta mediante la cual se identifican grupos homogéneos de clientes que responden de manera similar a los esfuerzos de marketing de una compañía. Gracias a la segmentación el marketing dividía el mercado en diferentes grupos como jóvenes o viejos, hombres o mujeres, ricos o pobres, rurales o urbanos. Se pensaba que el comportamiento como consumidor de una mujer, joven, rica y urbana era diferente al de un hombre, viejo, pobre y rural. Así una empresa que, por ejemplo, producía boinas, fabricaba boinas rojas y caras que vendía en las tiendas de moda y anunciaba en *Vogue* para el primer segmento; mientras que también fabricaba boinas negras y baratas, que vendía en la única tienda del pueblo y se anunciaba en el *Marca* para el segundo segmento. Este tipo de decisiones se solían poner por escrito en un power point con muchos números y gráficos. A ese documento las empresas lo llamaban, lo llaman, Plan de marketing. Unos planes que a menudo no se cumplían porque muchos productos fracasaban y las mujeres acababan comprando boinas negras o les daba por ir sin boina. En ésas estábamos hasta que aparecieron las empresas DJ. Facebook era capaz de adivinar si íbamos a comprar boinas y de qué tipo en función de los contenidos y conversaciones que manteníamos; Google lo adivinaba por las búsquedas que hacíamos; y Amazon por lo que comprábamos habitualmente.

¿Por qué lo adivinaban mejor?, porque eran capaces de procesar una gran cantidad de datos. Aparecieron los datos. El escritor y filósofo tunecino Pierre Lévy afirma que «*La Inteligencia Artificial se sostiene en sistemas matemáticos complejos para identificar patrones que nos permitan identificar y predecir tendencias a partir de los datos*». Facebook, Google y Amazon eran capaces de predecir tendencias, o sea, de adivinar el futuro, sabían qué personas concretas iban a comprar boinas y de qué tipo. Llegados a este punto no hacen falta líderes que a base de intuición y sabiduría anticipen lo que va a pasar, la IA es más eficiente. Las máquinas con capacidad de procesar cada vez más cantidad de datos junto con el desarrollo del aprendizaje automático pueden remplazar tareas que antes hacían los humanos como análisis financieros o diagnósticos médicos. Las compañías DJ tienen más datos que nadie y conocimientos para explotarlos, eso les da una ventaja competitiva difícil de superar por las compañías tradicionales.

Tesla se ha hecho un hueco en el difícil mercado del automóvil, un hueco que le ha llevado a ser la empresa más valorada por cotización bursátil del sector. La ventaja de Tesla y lo que valoran sus inversores no es la electrificación, algo que ya están haciendo con éxito VW y Toyota, sino la conducción autónoma, la verdadera disrupción tecnológica en el ámbito del transporte. Tesla ofrece en sus vehículos un sistema de conducción autónoma nivel 2, automatización parcial de la conducción, que, a pesar de lo que pueda parecer, no es una funcionalidad muy innovadora. Audi del grupo VW afirma que desde 2017 tiene tecnología disponible para un sistema de conducción autónoma nivel 3, un vehículo que se puede conducir de manera completamente autónoma a una velocidad inferior a los 60 Km/h, ver un vídeo o contestar correos mientras conduces, es un decir, tiene más que ver con las leyes del país que con la tecnología. Tesla confía en el Big Data para conseguir que sus coches se conduzcan solos porque todos circulan en 'modo sombra' comparando cada decisión que tomamos los humanos en la carretera con la decisión que habría tomado el Autopilot e ir aprendiendo de las diferencias. Cada vez estamos más cerca de ir de un lado a otro sin que nadie toque el volante. En esto Tesla saca mucha ventaja a los fabricantes tradicionales, para desarrollar la conducción autónoma total hace falta recorrer miles de millones de kilómetros recogiendo datos y Tesla tiene cerca de un millón de coches trabajando para ella, en realidad lo hacen sus clientes, que envían montones de datos por trayecto. Ninguno de los fabricantes tradicionales de coches tiene esa ventaja competitiva porque no manejan tantos datos y aunque lo hicieran, quizás, no sabrían qué hacer con ellos. A Tesla le ha salido un competidor lejos de los tradicionales que parece que, si sabe qué hacer, Waymo, la empresa de Google, que desarrolla vehículos autónomos. Waymo asegura que su sistema recorre 13 millones de kilómetros al día con un simulador propio y reprocha a Tesla que juega a confundir al mercado llamando conducción autónoma a lo que no es conducción autónoma. A Tesla le preocupa Google y a Google Uber, una empresa que a través de un software conecta a los pasajeros con los conductores y en la que Google, a través de Google Ventures, invirtió una cantidad de 363 millones de dólares en 2013. Uber ha visto en la conducción autónoma la posibilidad de sacar al tipo del asiento delantero que se lleva el 75% de cada viaje. Una empresa que fabrica coches, Tesla, compite con una empresa de publicidad, Google, y otra de taxis, Uber, de la que encima es socia, aunque han tenido alguna que otra rencilla en los tribunales. Una pelea en la que no quiere quedarse al margen Apple que compró Drive.ai, una compañía especializada, obvio, en conducción autónoma. Esta pelea no es muy distinta de la que se está dando en el desarrollo de los asistentes personales, en las finanzas, en el entretenimiento o en el deporte.

En el mundo empresarial se habla continuamente de innovación. Desde Schumpeter sabemos que la innovación es la búsqueda de la manera más eficiente de satisfacer las necesidades, es lo que hace evolucionar al capitalismo, la manera de traer progreso. La innovación se inicia siempre con una idea, pero no basta con una buena idea, hace falta ponerla en práctica. Llegados a este punto cabe preguntarse, ¿es la IA realmente innovadora? Y ¿es tan innovadora que acabará sustituyendo a los humanos? A la primera podemos responder con depende de lo que interpretemos por innovación. Ya hemos hablado de la tesis de Leibniz, eso fue en el siglo XVII y ya hablaba de traducir la inteligencia humana a números y contemplaba la posibilidad de sustituir al pensamiento humano por una inteligencia más eficiente. ChatGPT no es más que el triunfo de la propuesta de Leibniz unos cuantos siglos después. A la segunda sobre si ha llegado, entonces, el momento de sustituir a los humanos, también la respuesta es ambigua, algunos creen que es una cuestión de tiempo, otros no están tan seguros.

José Luis Cordeiro nació en Caracas de padres españoles que emigraron desde Madrid. En 2009 presentó una ponencia en el marco de la Conferencia de Futuristas en Lucerna sobre el concepto de Singularidad, «*un momento no demasiado lejano en el que la inteligencia artificial superará las capacidades humanas; un tiempo en el que nos fusionaremos con las máquinas*». El futuro será del superhombre, mezcla de humano y máquina; alguien o algo, nunca se sabe, que ha alcanzado, como ya pronosticó Friedrich Nietzsche, un estado de madurez espiritual y moral superior al tipo medio. Un superhombre capaz de generar su propio sistema de valores, identificando como bueno todo lo que le ayuda a ser más poderoso y rico. Cada vez estamos más cerca del sueño del que habló Paul Valery, ser dioses. Frente a este enfoque algunos consideran que siempre habrá un algo, el halo creativo, que nunca tendrán las máquinas. Yolanda Román es la directora de Asuntos Públicos de Atrevia y compañera mía. En el libro *Inteligencia* hace la siguiente reflexión, «*Es posible pedirle a una herramienta de IA generativa que escriba un poema de amor y el resultado puede ser aceptable, pero ese poema sólo existe porque alguien ha pedido a la máquina que lo cree*». El lenguaje sigue siendo un problema para la IA, la máquina se pierde en entornos complicados o sofisticados, no se maneja bien con la ironía, con la ambigüedad, con la sutileza, no se maneja bien, en definitiva, con las narrativas que explican el mundo. La época posmodernista y su obsesión por acabar con las grandes narrativas está facilitando la sustitución por las máquinas y que el punto de vista de Cordeiro se imponga sobre el de Yolanda Román, ¿perversión o estupidez colectiva? Una situación que beneficia, claro, a las empresas DJ frente a las tradicionales. El enfoque de Cordeiro es un enfoque absolutamente utilitarista frente a enfoques más humanistas que puede que no traigan resultados inmediatos o fácilmente medibles. El utilitarismo nos conecta con el consecuencialismo, una teoría ética que juzga si algo es bueno tomando en cuenta sus consecuencias. Un enfoque utilitarista de la IA juzgaría las consecuencias teniendo en cuenta el estándar de *hacer el mayor bien para el mayor número de personas*, ¿está la IA consiguiéndolo?

Angela Shen-Hsieh, directora de predicción del comportamiento humano en la innovación de productos de Telefónica, habla sobre «*crear soluciones para el cliente y ser capaz de ayudarles a gestionar su tiempo, su atención y qué recomendaciones son las mejores para él, [pero] se puede ir aún más lejos para poder ayudar, realmente, a las personas a llegar a la clase de vida que quieren tener*». Seguimos con Ángela, «*A través de la IA es posible manejar la atención de los clientes para saber qué es lo más importante para ellos. La inteligencia artificial nos ayuda a saber en qué queremos convertirnos*». Partiendo del manejo de datos de los potenciales usuarios construye perfiles de consumidores exactos y complejos que ayudan a desarrollar productos personalizados y perfectamente adaptados para llegar a convertirnos en los *que queremos convertirnos*. Netflix sabe antes que nosotros lo que queremos ver, Spotify lo que queremos escuchar y Amazon lo que queremos comprar. ¿Esto es utilitariamente bueno?, ya contestaré a esa pregunta; de momento vamos a quedarnos en las consecuencias, consecuencias sobre la privacidad, consecuencias sobre los sesgos, consecuencias sobre la propiedad y sobre todo, y atendiendo a lo que nos ocupa, consecuencias para las empresas tradicionales frente a las empresas DJ. Por cierto, pregunto, es un decir, a ChatGPT por las empresas DJ y lo que me dice es, «*Las empresas que se especializan en servicios de Disc Jockey (DJ) suelen ofrecer música para eventos, alquiler de equipos de sonido, iluminación, y a veces incluso producción de espectáculos».* Me quedo tranquilo, al menos esta conexión aún no se le ha ocurrido a la IA.

4. Privacidad, Sesgos y Propiedad

No sé lo que me pasa últimamente. No dejo de espiar a mi vecina de enfrente. Un Pingüino en mi Ascensor es el nombre de un grupo español que en 1987 publica en DRO un miniálbum con 6 temas, entre ellos el de *Espiando a mi vecina de enfrente,* aunque *El libro de derecho administrativo sigue en la página número seis.* Hay un encendido debate sobre la privacidad y los límites a la explotación del dato por estas empresas DJ. Los DJ consideran que la privacidad está sobrevalorada y que si quieres que no te pillen mejor no lo hagas. Antonio Pita Lozano, premio al Mejor Data Scientist de España en 2016 en la especialidad de Analítica de Datos concedidos por Synergic Partners —una compañía del Grupo Telefónica especializada en Big Data y Ciencia de datos—, señala que «*trabajo a diario con millones de datos de clientes y no sabría decir nada de nadie, creo que este tipo de miedo está sobrevalorado».* Eric Emerson Schmidt fue nombrado presidente de Alphabet Inc en agosto de 2015, antes era el director ejecutivo de Google. Su postura es que «*Si tú tienes o haces algo que no quieres que los otros sepan, quizás te deberías plantear en primer lugar, que igual no deberías hacer esa cosa. Si realmente necesita este tipo de privacidad, la realidad es que los buscadores de internet, incluso Google, retienen tu información durante un tiempo […] y es posible que esta información sea puesta a disposición de las autoridades».*

Estas posturas provocan que algunos se lleven las manos a la cabeza porque consideran la privacidad como un derecho humano básico. Bruce Schneier, el fundador de Counterpane Internet Security, un criptógrafo experto en seguridad informática y autor de diversos libros dice que «*La privacidad nos protege de los abusos cometidos por quienes detentan el poder, incluso si no estamos haciendo nada malo en el momento en que nos están vigilando. No hacemos nada malo cuando hacemos el amor o vamos al baño. No estamos ocultando deliberadamente nada cuando buscamos un lugar privado, ya sea para cantar en la ducha o escribir una carta a un amante para luego quemarla. La privacidad es una necesidad humana básica*».

Continúa Schneier, «*Perdemos nuestra individualidad, porque todo lo que hacemos es observable y registrable* [...] *Ésta es la pérdida de libertad a la que nos enfrentamos en nuestra vida privada. Ésta es la vida en la antigua Alemania del Este, o en el Iraq de Saddam Hussein. Y éste es nuestro futuro, si permitimos que un ojo siempre intrusivo escudriñe nuestra vida personal y privada*».Para Schneier el debate no es entre privacidad o seguridad, «*La verdadera elección es la libertad frente a control*». El neoliberalismo posmoderno incentivando el control, ¡pájaros disparando a las escopetas! La tiranía, ya aparezca bajo la amenaza de un ataque físico extranjero o bajo el escudriño constante de una autoridad nacional, sigue siendo tiranía. La libertad requiere de seguridad sin intrusión, seguridad más privacidad. La vigilancia general de la policía es la definición misma de un Estado policial. Y es por eso que debemos tener privacidad, incluso cuando no tenemos nada que ocultar. Un debate entre unos y otros que nos aparta de la pregunta fundamental, ¿estamos progresando a un mundo mejor?, pues parece que para unos sí y para otros no. Para los BoBos, claramente sí, para el precariado, no. Para las empresas DJ, sí, para las empresas tradicionales, no; aunque alguna de ellos aun no lo sepa.

Otra cuestión que suscita la IA es la de los sesgos. En teoría, además de más eficientes que los humanos, los algoritmos son considerados neutros; pero de nuevo parece que no es así. El sesgo de IA se refiere a la aparición de resultados distorsionados debido a que los humanos, de manera consciente o inconsciente orientan los datos de entrenamiento originales obteniendo datos distorsionados y potencialmente perjudiciales para algunos colectivos. Para Cathy O'Neil, autora del libro *Armas de destrucción matemática*, los algoritmos están aumentando los errores humanos y los prejuicios dejando de lado la imparcialidad que se supone a la tecnología. «*Los algoritmos utilizan un sistema estadístico sesgado, equivocado o directamente manipulado que tiene consecuencias sobre la concesión o no de préstamos, sobre la prima que pagamos por asegurar el coche o sobre si vamos a ser elegidos o no en un proceso de selección para una oferta de trabajo*». Los sesgos de la IA podrían fomentar la desconfianza entre las personas de color, las mujeres, las personas con discapacidad, la comunidad LGTBIQ, el precariado. El sesgo beneficia a los BoBos. Los modelos en los que se basa la IA parten de nuestros prejuicios; pero no de los prejuicios de toda la sociedad como se dice por ahí, parte de los prejuicios de los que programan este tipo de herramientas que no tienen en cuenta esos sesgos que están incrustados entre las montañas de datos que manejan. Si hacemos una recopilación de datos históricamente sesgada el resultado perjudicará a los grupos que históricamente no les ha ido tan bien como a los BoBos. Como prueba de generación de imágenes, Bloomberg solicitó la creación de más de 5.000 imágenes de IA y descubrió que «*el mundo según Stable Diffusion está dirigido por hombres blancos como directores generales*». Las mujeres rara vez son CEO. Los hombres negros cometen delitos y las mujeres negras trabajan en hamburgueserías. Hay numerosos ejemplos de este tipo de estudios.

Junto a la privacidad y los sesgos aparece la tercera cuestión de la triada, la propiedad, ¿de quién son los datos? A finales del 2023 *The New York Times* demandó a OpenAI y Microsoft por el uso de obras con derechos de autor en la IA. Miles, millones de artículos, fueron empleados para entrenar chatbots que ahora compiten con el propio NYT. La demanda abre un nuevo frente en la intensa batalla sobre el uso no autorizado de obras publicadas para entrenar tecnologías de IA. Un poema es una combinación más o menos afortunada de palabras; pero todos sabemos que es algo más. Podemos distinguir entre el objeto material, la hoja de papel, por ejemplo, con el poema escrito y el objeto espiritual, el halo creativo del que acabamos de hablar. La fusión de lo material y lo espiritual es lo que hace que un poema sea un poema y lo que es susceptible de protección. Un poema tiene un elemento inmaterial que dota de sentido el resultado de lo creado. El desarrollo de la IA nos enfrenta, ya digo, a nuevos problemas porque la IA se alimenta de elementos preexistentes. Eso no pone sólo en peligro la propiedad del autor, sino que acaba afectando a toda la sociedad. Si deconstruimos un poema en palabras y lo diluimos para mezclarlo con otros millones de palabras acabamos con el halo creativo. Algo que tiene consecuencias, una clara para mí es la desaparición de las vanguardias y con ella la posibilidad de que nuestra visión del mundo progrese. Ya sabemos que la IA mezcla bien con el posmodernismo y el posmodernismo mezcla mal con las cosmovisiones.

La obsesiva inclusión de comunidad en el proceso creativo, el distorsionado *work in progress* del que hemos hablado, provoca que la vanguardia desaparezca. La comunidad siempre es conservadora. Busca acceder a lo que ya existe de manera más cómoda o más barata; mientras que las vanguardias históricamente superaban lo establecido para buscar nuevas formas de expresión y pensamiento. En la empresa la vanguardia está muy vinculada a la innovación. Si por la comunidad hubiera sido, aún escucharíamos música en un *walkman*, más potente y más ligero e incluso, a lo mejor, más barato; pero un *walkman*. El Ipod nunca hubiera existido si nos hubiéramos fiado de la comunidad. La innovación en su esencia radica en su capacidad para desafiar el statu quo; pero en el contexto actual, ¿realmente la innovación está trayendo ruptura o es más de lo mismo, pero más barato y más cómodo? ¿Las posmodernistas empresas DJ y su explotación de la IA están suponiendo una ruptura con respecto a las empresas tradicionales o son una evolución del capitalismo en plan Dragon Khan? Acabaremos en el mismo punto, pero, eso sí, todos un poco más mareados. Creo que ahora precisamente estamos en este punto, podemos utilizar la IA para que la sociedad progrese o la podemos utilizar para agravar los problemas que ya teníamos como sociedad y, encima, 'inventarnos' problemas nuevos. Mientras las empresas tradicionales lidian con sus propios problemas que no acaban de superar.

5. El Propósito

En estos tiempos todo el mundo habla del propósito Corporativo. Larry Fink, el CEO del Black Rock, el principal fondo de inversión del mundo, una vez al año se dirige a los CEOS de las empresas donde invierte para promover prácticas que impulsen el crecimiento y traigan rentabilidad a sus inversiones. La receta que da para promover estas prácticas tiene dos ingredientes principales, el propósito corporativo y el liderazgo. Ya hemos hablado del liderazgo, vamos con el propósito y volvemos a los peruanos Ves tal vez, *yo busco un sueño, tú un objetivo. El propósito, nos dice Flink, no es un simple eslogan o una campaña de marketing, es el motivo fundamental para la existencia de la compañía; lo que ésta hace todos los días con el fin de crear valor para sus stakeholders.*

El propósito se relaciona con el valor. Aunque fueron Gary Hamel, por esa época profesor de la London Business Scholl, y CK Prahalad, profesor de la Universidad de Michigan, los que ya hablaron en 1989 del propósito en un artículo para la *Harvard Business Review* titulado «Propósito estratégico», el concepto ha empezado a sonar en la gestión de empresas hace relativamente poco tiempo.

En esta moda creo que algo ha tenido que ver el exitoso gurú con charla TED Simon Sinek que en su libro *Start with why* aseguraba que todos los líderes exitosos comparten una característica, empiezan por el porqué y a partir de ahí establecen un propósito. El vídeo con la charla TED de Simon Sinek se ha convertido en uno de los vídeos de management más vistos del mundo. Sinek considera que toda compañía sabe lo que hace, la mayoría también sabe cómo lo hace, pero muy pocas saben por qué lo hacen. No es lo que hacemos es por qué lo hacemos. Lo hacemos para lograr nuestro propósito, cuando esto lo tenemos claro los beneficios llegan, según Sinek. El caso es que, lleguen o no, el propósito corporativo se ha puesto de moda.

La Real Academia Española de la Lengua (RAE) define propósito en su primera acepción como la *determinación firme de hacer algo* y en su segunda como *el objetivo que se pretende conseguir*. El Propósito Corporativo lo podríamos definir como *la determinación firme de una empresa de hacer algo de manera constante para conseguir unos objetivos*. Con tanta liquidez posmoderna las empresas están buscando el objeto en sí mismo. Las definiciones de objetivos empresariales son múltiples y variadas, pero una característica común en todas es que los objetivos tienen que ser medibles en términos cuantitativos para facilitar la función de evaluación y control. El resultado empresarial se transforma en número para poder medirlo. La Dirección por Objetivos (DpO) como modelo de gestión supone un considerable avance porque consigue superar al taylorismo, un modelo que trataba a las personas como una simple prolongación de la máquina. La mayoría de los teóricos de esta disciplina que llamamos gestión o management coinciden en considerar a Peter Drucker como el impulsor de la DpO, trasladando el foco de lo que se hace (tareas) a lo que se consigue (objetivos), un impulsor inspirado por las teorías humanistas que llegaban desde Harvard. Se atribuye al propio Drucker la frase de que todo lo que no se mide no se mejora.

Con la eclosión tecnológica actual parecía que la DpO iba a vivir su momento definitivo de gloria, por fin las empresas tradicionales, y las otras, iban a poder medir la aportación real de todo el mundo y, sobre todo, predecir su contribución futura. La realidad, de nuevo, es que no está siendo así. La DpO no nos acerca a ese mundo mejor por tres razones principalmente: incentiva comportamientos cortoplacistas, alimenta una innecesaria burocracia y suponen un límite para el cambio. Esto explica muchas de las desigualdades entre BoBos y precarios de las que hemos hablado, porque, en definitiva, las empresas están dando un tratamiento científico a algo que es por naturaleza social y esto nos separa de la esencia de la empresa, obtener beneficios satisfaciendo necesidades humanas, armonizando un enfoque económico con otro ético.

En los noventa se desarrolló un modelo retributivo muy de esos tiempos, las *stock options*, un modelo, que permitía a los directivos comprar acciones de la compañía a un precio fijado durante un periodo limitado de tiempo (*strike*). El modelo buscaba que los altos directivos y, en menor medida, el resto de trabajadores se comprometieran en alcanzar unos determinados resultados (objetivos) para aumentar el valor de la acción lo que les iba a permitir enriquecerse. El problema de vincular recompensas al valor de la acción es que incentiva, a menudo, comportamientos cortoplacistas, nadie está pensando en el futuro de la organización. La consecuencia de las *stock options* fue, con más frecuencia de la recomendable, bonos millonarios para un puñado de directivos mientras comprometían el futuro de las compañía que se suponía tenían que dirigir. Una variable de este modelo retributivo ha ido extendiéndose por las empresas en todos los niveles. Rara es la empresa que no vincula una parte del salario a la consecución de unos objetivos. Un modelo que, como señala Jerry Z. Muller en el libro *La tiranía de los datos*, no consigue mejorar el desempeño, sino que «*incentivan la competición por encima del convencimiento de trabajar en favor de los objetivos de la organización*». La empresa es un proyecto colectivo e incentivar lo individual sin armonizarlo con lo colectivo no parece un camino demasiado lúcido. Exacerbar la consecución del objetivo provoca que nadie se preocupe de la supervivencia futura de la empresa. Nadie la dotan de sentido, nadie se preocupa por la esencia.

La ineficiencia de este comportamiento cortoplacista y competitivo se refuerza con la burocracia que trae la DpO. Max Weber definió la burocracia como una manera de organizarnos basada en las normas y la racionalidad para garantizar la eficacia; pero el mismo Weber advirtió del peligro de caer en la atrofia y convertir la eficiencia en la ineficiencia por pasarnos el día midiendo cosas que no tienen sentido. Muller carga en el libro citado contra esta orgía de medición porque no siempre lo que se mide es lo que merece la pena medir y acaba habiendo diferencias entre lo que medimos y lo que necesitamos o queremos saber, «*cuando no mides lo que quieres, acabas queriendo lo que mides*», que diría Marcel Proust. Las mediciones a veces nos dan conocimientos sólidos, pero también pueden estar distorsionadas y resultar engañosas o erróneas. La consecuencia, de nuevo con más frecuencia de la deseable, es que la DpO se convierte en artefactos burocráticos que miden cosas que no es necesario medir.

La DpO, además, impulsa, aunque no seamos muy conscientes de ello, que la gente trabaje mucho haciendo cosas que no valen para nada. Cuando alguien no alcanza los objetivos esperados la tendencia natural es trabajar más, hacer un esfuerzo, ¡por esfuerzo que no sea! Desgraciadamente en estos tiempos de cambio hacer más de lo que hacemos no vale para mucho, como parecen intuir los que citan sin parar la frase atribuida a Einstein de que sólo los locos persiguen resultados diferentes haciendo siempre lo mismo; la realidad es que no todos conocen a Einstein y sí, las compañías se llenan de locos imprudentes que ante la caída de resultados sólo reaccionan haciendo más de lo que llevan toda la vida haciendo. No alcanzar el objetivo lleva a menudo a la conclusión fácil de que la causa es la falta de esfuerzo y compromiso. La DpO, al poner el foco en los resultados, nos aparta de lo importante, ser capaces de interpretar la complejidad de este entorno incierto y descubrir el valor que podemos aportar como empresa.

La bacanal de objetivos es la respuesta de la empresa a las empresas DJ. Sacralizan el criterio de racionalidad de manera que todas las decisiones están determinadas por cálculos y valoraciones de costes y beneficios a través de un criterio de maximización. Este modelo, con vocación de estándar universal, es incapaz de encontrar, o ni tan siquiera plantear, otra manera de hacer las cosas porque abraza la distopía del modelo científico de gestión. Tratar la gestión empresarial como una ciencia exacta y no, como lo que es, una disciplina social, evita cualquier resistencia crítica. La empresa no puede ser la suma de los indicadores, como si la realidad fuera una inmensa probeta. Las empresas del capitalismo tradicional, a pesar de hablar mucho de propósito, han renunciado a una idea que les explique e interprete la circunstancia que les ha tocado vivir. Han caído en la trampa posmodernista de renunciar a la narrativa, en lo único que podían competir con las empresas DJ. El modelo científico busca maximizar el beneficio en una época en que el beneficio ya no es importante.

6. El beneficio no es importante

La ley de las empresas tradicionales era, es, ganar dinero satisfaciendo necesidades humanas. Las empresas tradicionales forzaron esta ley cuando empezaron a convertir necesidades en apetencias incentivado los caprichos en vez de algo mucho más sofisticado como el deseo. Las empresas DJ aceleraron el proceso y derrotaron a las empresas tradicionales porque satisfacen los caprichos de manera mucho más eficiente trabajando la cultura de la inmediatez sostenida en las experiencias, excepcionalidad y expresión. El siguiente golpe no ha venido por el lado de las necesidades, sino por el de los beneficios. Para las empresas DJ el beneficio no es importante. De las 10 empresas más valoradas del mundo por cotización bursátil menos de la mitad están entre las que más beneficios consiguen.

Como ya se ha dicho, el proceso se inició en 2008, cuando el asustado Sarkozy habló de refundar el capitalismo, los bancos centrales de todo el mundo con el miedo en el cuerpo por la que venía se pusieron a imprimir toneladas de dinero, la inflación era cosa de pobres. Dinero a espuertas a tipos de interés cercanos a cero. Los kahuma tradicionales vieron una buena manera de hacer líquidas sus *stock options*. En vez de invertir para conseguir satisfacer las necesidades de manera más eficiente, el acceso al dinero barato lo utilizaron para recomprar acciones (sus *stock options*) elevando así su valor. Un camino rápido para hacerse más ricos, si cabe. Mientras los kahuma de las empresas tradicionales se entretenían con sus bonos, las empresas DJ aprovecharon el momento.

Ya hemos hablado aquí de que Uber salió a bolsa con unas pérdidas de 7.751 € y una valoración inicial cercana a los 80.000 millones de dólares; también hemos hablado del estudio de la Universidad de Florida que indicaba que el 81% de las 134 que se estrenaron en la bolsa de Estados Unidos en 2018, fue hecho por compañías que tuvieron pérdidas en el año anterior a su debut. Las deficitarias empresas DJ aumentaron el valor de sus acciones en un 200 por cien, en plena pandemia su valor se había disparado hasta un 500 por cien.

Amazon vendió durante la pandemia 44.000 millones de euros, eso sí, no ganó nada y pagó 0 euros en impuestos. Tesla inició el año 2020 con la acción valiendo 90 dólares y más de 700 al final del año. Las empresas DJ aprovecharon el dinero fácil para comprar prometedoras start ups, servidores, laboratorios de IA, desarrolladores software, etc. Hoy más de quince años del inicio del proceso las empresas tradicionales ven caer su acción y las de las DJ sube sin parar. Telefónica ha perdido casi el 50% de su valor entre 2017 y 2023 y el Santander a pesar de que año tras año bate su récord de beneficios continúa con la acción plana.

Mientras los kahuma tradicionales se empeñan en explicar por qué el balance de sus tradicionales compañías es cada vez más sólido, han reducido deuda, es más productivo, cierto que Ere tras Ere. Los kahumas posmodernos, en cambio, nos hablan de cosas como, *En el futuro nos mudaremos a META* (Zuckemberg), Musk, en cambio, no cree que sea META sino el espacio, *nos mudaremos al espacio y volveremos a la Tierra de vacaciones*. En 2015 el director de la división de coches autónomos de Google estaba convencido de que su hijo, que por entonces tenía once años, no tendría que sacarse el carnet de conducir cuando cumpliera dieciséis y en 2019 Elon Musk se atrevió a anunciar que Tesla tendría en la calle un millón de taxis sin conductor antes de finales de 2020. Unos ganan dinero y otros hablan de Marte, aunque como futurólogos no aciertan mucho. Los posmodernos hablan de futuro y los tradicionales de números, de gestión. Unos crecen, aunque pierdan dinero; otros decrecen, aunque lo ganen. Una expectativa es según la RAE, *la posibilidad razonable de que algo suceda;* una certeza, en cambio, es *un conocimiento seguro y claro de algo*. Por lo que sea, el mercado valora más la posmoderna expectativa de futuros distópicos como el de mudarnos a Marte que el conocimiento cierto de los beneficios del Santander. Las empresas DJ venden expectativas, futuro; las tradicionales nostálgicas certezas. ¿Esto no es la definición de burbuja? Una burbuja financiera se caracteriza por la rápida escalada del precio de los activos seguida de una contracción. ¿Tiene fundamento el aumento del precio de las acciones de estas empresas DJ?

Mientras pensamos la respuesta, las empresas DJ han cogido mucha fuerza y empiezan a salir algunas voces pidiendo que les pongan límites. Para el profesor del King's College Nick Srnicek, tienen un fuerte ADN monopolista y no cuentan con productos ni servicios sustitutivos cercanos, «*de forma que sólo podemos acudir a ellas para cubrir nuestras necesidades de contacto social, de contenidos, de movilidad o de alojamiento, debiendo aceptar las condiciones que nos imponen mediante una propuesta que combina productos y servicios gratuitos con otros de pago (Freemium)*». Un monopolio que no conoce los límites físicos de las empresas tradicionales, ellos habitan en la nube y en la nube se pagan menos impuestos. Las empresas DJ han captado la mayoría del dinero que los bancos centrales han emitido.

7. Yo soy español, español, español

Para el publicista Toni Segarra, el consumo es un acto político «*y por tanto la comunicación y las marcas tienen que ver con la política* […] *Consumir es elegir una manera de hacer u otra. Si nos preocupa el ecologismo, comamos comida ecológica. Si nos preocupa la contaminación podemos acceder a coches eléctricos. Tenemos oportunidades de cambiar las cosas, de exigir a las marcas. Hoy el consumidor tiene mucho poder y no sé si somos del todo conscientes [...] Votamos cada cuatro años, pero consumimos cada día».* Para Segarra consumidor y ciudadano se parecen y aunque efectivamente algo de política se puede hacer mediante el consumo, Segarra se olvida, o no, que el capitalismo moderno y el posmoderno juega con los caprichos y que el problema es que los nuevos modelos no nos permiten quedarnos al margen.

AirBnB fue fundada en 2008 como una plataforma de alquiler vacacional. En pocos años se ha consolidado como la mejor alternativa a los hoteles con su propuesta de auténticas experiencias para para vivir una ciudad como un ciudadano. Desde su llegada se habla mucho de un término, gentrificación. La revista *Time Out* encumbró en septiembre de 2023 a Carabanchel, en otro tiempo un barrio de trabajadores en la periferia de Madrid, como el tercer barrio del mundo. *Time Out* pertenece a un fondo de inversión, Oakley Capital, que también es el dueño del portal inmobiliario Idealista. Unos meses antes en Idealista se publicó un artículo con el sugerente titular, *«Carabanchel, el Soho madrileño: que atrae a tantos artistas a este barrio».* También se podría haber titulado, «Los BoBos se mudan a Carabanchel». La gentrificación es un fenómeno urbanístico en el que un barrio o una ciudad se renueva y aumenta su valor haciéndose atractivo para determinados sectores sociales con mayor capacidad financiera. Barrios en otro tiempo degradados pero céntricos ven aumentar su valor con la llegada de estos BoBos ávidos de experiencias con sus correspondientes consecuencias para los tradicionales vecinos del barrio. Cualquier persona puede decidir ser cliente de una compañía o no, puede decidir trabajar en una compañía o no, incluso, puede decidir invertir o no en una compañía; pero no puede dejar de ser ciudadano español, aunque quiera.

El filósofo estadounidense John Rawls señala que como los ciudadanos no pueden escoger salir de la sociedad, estarían obligados a participar de las consecuencias de los principios de justicia que se acuerden. Pertenecer a uno o a otro grupo de interés de una empresa es voluntario, ser ciudadano de una sociedad, no. La llegada de los BoBos a algunos barrios tiene consecuencias. El vecino que vive debajo de un piso de alquiler turístico y soporta los ruidos y las fiestas de los BoBos experienciales de estancia corta, el vecino que ve incrementar su alquiler porque trae más a cuenta poner el piso a disposición en la plataforma, los tenderos del barrio que tienen que ver sus negocios rodeados de tiendas que venden Chia y que llaman Muffins a las magdalenas. La población original del barrio se ve desplazada, aunque ni quieran ser cliente, ni trabajador, ni inversor de estas compañías, sufren las consecuencias. Pero no todo es sufrimiento, el dueño de un apartamento o de un local comercial ve cómo su antes degradada renta se incrementa. ¿Cómo armonizar los diferentes derechos e intereses nos plantea nuevos retos cómo sociedad? Retos que suelen costar dinero.

AirBnB transforma ciudades; en cambio tributó 1.563.697 € de impuesto de sociedades en España en 2023. Las posmodernas plataformas de alquiler para estancias cortas obtienen sus ingresos a través del cobro de comisiones, más o menos el 18% del importe de sus reservas que cobra por hacer de DJ entre los dueños de los pisos y los BoBos ávidos de experiencias. Los ingresos acaban en el país donde se sitúa su matriz. El 82% restante que queda en manos de los dueños de las propiedades, y esos ingresos sí tributan en España. Cadenas hoteleras como Meliá pagaron 19 millones y medio, y Riu 45 millones y medio. Habría que hacer bien las cuentas, porque sin sesgos de un lado ni de otro. Los gobiernos de los países intentan mediante normas y más normas que las empresas, las DJ y las otras, paguen más. Aunque reconocen que lo que hace AirBnB y otras parecidas es plenamente legal, este tipo de prácticas llevó a que los ministros de Economía y Finanzas de las mayores economías mundiales agrupadas en torno al G-7 llegaran en 2021 a un acuerdo calificado como histórico para fijar las bases de una nueva fiscalidad internacional con la instauración de un nuevo impuesto mínimo universal del 15% para las multinacionales, empresas DJ incluidas.

En septiembre de 2024 la Organización para la Cooperación y el Desarrollo Económico (OCDE) apremiaba para que los países implementaran el impuesto mínimo para las multinacionales. Van lentos, o aunque parece que el compromiso es total, Manal Corwin, directora de impuestos de la OCDE, ha dicho que «*hay un compromiso del 100% entre los miembros de la OCDE para conseguirlo*».

Pagar o no impuestos tienen consecuencias y golpea los pilares sobre los que está asentado nuestro modelo cultural y su modelo de bienestar. El Bienestar, el progreso, en definitiva, también se sostenía en otro pilar, la democracia, una democracia a la que también está afectando la llegada de los DJ.

2018 no fue un buen año para Facebook, perdió casi un 25% de su valor bursátil, ahora ya lo ha recuperado con creces. Aunque el escándalo de la filtración de datos a Cambridge Analytica ocurrió entre 2013 y 2015, no fue hasta 2016 cuando se convirtió en noticia. Cambridge Analytica era una compañía dedicada a la comunicación política. El 17 de marzo de 2018 los periódicos *The New York Times*, *The Guardian* y *The Observer*

denunciaron que la empresa estaba explotando la información personal de los usuarios de Facebook, una información adquirida por un investigador externo que decía utilizarla con fines académicos. Cambridge Analytica está acusada de haber obtenido la información de millones de usuarios en contra de las políticas de uso de la red social y de haber utilizado esos datos para crear anuncios políticos en varias campañas electorales incluidas las presidenciales estadounidenses que ganó Trump. *The Guardian* informó, además, que Facebook conocía esta violación de seguridad, pero no hizo nada para proteger a sus usuarios. La noticia ha provocado que Mark Zuckerberg haya tenido que comprarse una corbata para dar explicaciones y acabar admitiendo, ante el Congreso de Estados Unidos y el Parlamento Europeo, que Facebook «*no había tenido una visión lo suficientemente amplia de sus responsabilidades*». Buen intento que no convenció a todo el mundo.

Los Elegantes fue un grupo de rock de los años ochenta. No fueron de multitudes, pero algunos temas como *Man-*

gas cortas y esta *maldita sensación* tuvieron cierto éxito. Más éxito está teniendo el pensador Yuval Noah Harari que no para de vender libros y dar conferencias. Harari afirma que la ciencia está demostrando que las personas carecemos de libre albedrío. El libre albedrío tiene que ver con nuestra capacidad de elegir y tomar nuestras propias decisiones. Según Harari, el libre albedrío sólo era un concepto viable hasta que la ciencia, con la ayuda, ¡cómo no!, de la tecnología, consiguió entender cómo funciona el cerebro, demostrando que las elecciones humanas son simplemente el resultado de genes, hormonas y neuronas. No tener capacidad de elegir ni de tomar nuestras propias decisiones supone que no somos responsables de las consecuencias de nuestros actos; pero también que somos unos horteras. Elegante es una palabra latina, viene del verbo *eligere*; significa elegir, escoger. La elegancia es saber elegir. Elegir mal o, incluso, renunciar a elegir nos convierte en unos ordinarios inconscientes, porque renunciar también supone una elección, *aunque tú no lo sepas*. Pero para elegir tenemos que ser capaces de conocer la verdad y la difusión de las *fake news* y su mirar para otro lado que hacen las empresas DJ no ayuda. Afortunadamente Harari se equivoca. Harari cae en la clásica falacia de la división, considerar que una capacidad que se asigna a un todo la tienen también sus partes. Harari revisita el viejo estructuralismo y son ahora los algoritmos, las estructuras genéticas y cerebrales, y el entrelazamiento de los datos, los que definen la realidad; pero olvida ese halo creativo del que hablábamos antes.

Aunque Nuria Labari no le crea, Zuckerberg parece arrepentido. Además de admitir que *«no había tenido una visión lo suficientemente amplia de sus responsabilidades»*, publicó una tribuna en el diario *Financial Times* pidiendo una regulación más amplia de la tecnología, aunque eso perjudique a su red social, *«Una buena regulación puede dañar el negocio de Facebook en el corto plazo, pero será mejor para todos, incluyéndonos a nosotros, a largo plazo»*.

8. ¿Y entonces?

Pues que demos la bienvenida a la tecnología, pero afrontemos sus consecuencias, sin adanismos y sin irresponsabilidad. No podemos estar más tiempo mirando para otro lado mientras la desigualdad no para de crecer, ni mientras los BoBos se separan de los precarios y la clase media cae. Como hemos visto, la consecuencia es desconfianza en el futuro y falta de compromiso, los materiales que unen a cualquier sociedad. Esta vez no vamos a poder echar mano de un kahuna, de un líder carismático, que nos saque del embrollo. Es hora de que todos, cada uno en la medida que nos corresponda, asumamos nuestra responsabilidad, la habilidad del ser humano para reconocer y medir las consecuencias dejando de lado la inocua y entretenida cultura de la queja. Un camino bastante seguro de caer en situaciones de estupidez colectiva. *No future* cantaban los Sex Pistols y varios de ellos murieron de sobredosis. Los romanos decían *salus publica suprema lex* entendiendo *salus* como salud, pero también como salvación. La obligación de las empresas, como la de los romanos, es salvarse. La empresa es un proyecto colectivo, un proyecto de relaciones humanas, con fines de vida y duración superior a los individuos que la componen; la vida de las personas es finita, pero sus obras y proyectos no tienen por qué serlo. La vida de una empresa puede ser a priori más longeva que la de cualquiera de sus miembros considerados de manera aislada, una empresa transciende los límites temporales de los que en un momento dado formen parte de ella. Todas las empresas se enfrentan al reto de obtener beneficios sin poner en peligro su supervivencia, las empresas pueden tener una vida infinita, no están condenadas a morir, ya está dicho, pero las personas que las dirigen no y la tentación de sacrificar la supervivencia de la empresa por aumentar el beneficio es muy fuerte. La Inteligencia Artificial ha venido para quedarse, el que sea un instrumento al servicio de los humanos en vez de que los humanos estemos a su servicio es cosa nuestra. Un enfoque demasiado utilitarista de la IA no va a hacer que las sociedades progresen. La IA no tiene sesgos, los que la programan sí, y es responsabilidad nuestra no dejar que eso suceda.

Tenemos pendiente una sentada de cómo podemos hacer convivir a la sociedad con las empresas, una relación que más o menos, con sus roces estaba clara en la época moderna; pero que no lo está en los posmodernos tiempos DJ, debates sobre los límites de la privacidad, el pago de impuestos o la creación y difusión de los bulos que dificultan el elegante derecho a elegir. La empresa tradicional no puede quedar excluida, probablemente porque con todas sus limitaciones, fallos, desequilibrios, el capitalismo es la mejor manera de crear progreso y riqueza, aunque falle a la hora de distribuirlo. La empresa tradicional no puede seguir con su modelo científico de gestión y la sacralización de los objetivos, necesita encontrar su sitio en la posmoderna época actual y no competir a base de despidos. El beneficio volverá a ser importante, pero un beneficio sostenible, que pueda perdurar en el tiempo, no un beneficio sostenido en reducciones de personal. Como ya ha cantado Rosendo en este libro, *no sé si estamos en lo cierto, lo cierto es que estamos aquí*, y para seguir por aquí necesitamos más contables y menos poetas.

Referencias bibliográficas

BARBA, ANDRÉS. «Cultura de la cancelación». *El País*, 6 de diciembre de 2019.

BROOKS, DAVID (2002). *Bobos en el paraíso. Ni hippies ni yuppies: Un retrato de la nueva clase triunfadora.* Editorial Debolsillo (Barcelona, España).

CHESBROUGHT, HENRY W. (2009). *Innovación abierta.* Editorial Plataforma (España).

CHESBROUGHT, HENRY W. (2021). *Resultados de la Innovación abierta.* Universidad de Deusto.

COLLIER, PAUL (2019). *El futuro del capitalismo*, Editorial Debate (España).

EMERSON, ERIC. *Europa Press* Portal TIC, 9 de diciembre de 2009.

FLORIDA, RICHARD (2010). *La clase creativa: La transformación de la cultura, del trabajo y el ocio en el siglo XXI.* Ediciones Paidós (Barcelona, España).

HAMEL, GARY.(1989) «Propósito estratégico». *Harvard Business Review.*

INNERARITY, DANIEL. «El año de la volatilidad». *El País,* 30 de diciembre de 2018.

JOHNSON M.D, SPENCER (1999), *¿Quién se ha llevado mi queso?.* Editorial Empresa Activa (España).

LEIBNIZ, GOTTFRIED (2022). *Obras completas.* Editorial Wisehouse Classics Nº1..

LEVY, PIERRE. «La inteligencia colectiva nuestra mayor riqueza. Sociología Contemporánea», 19 de julio de 2007. Del original en francés: L'intelligence collective, notre plus grande richesse, *Le Monde,* 24 juin 2007.

MULLER, JERRY Z. (2018). *The Tyranny of Metrics.* Priceton UP.

NAIM, MOISÉS (2013) *El fin del poder.* Editorial Debate (España).

NIETO MARTA (2017). *El futuro de la IA pasa por la alianza con el Big Data citando a Angela Shen-Hsieh.* Blog ThinkBig Telefónica.

O´NEIL, CATHY (2018) *Armas de destrucción matemática.* Editorial Capitán Swing (España).

PIKETTY, THOMAS (2022). *El Capital del siglo XXI.* Editorial Fondo de Cultura Económica (España).

ROMÁN YOLANDA (2024). *Inteligencias.* Editorial Almuzara (España).

SCHNEIER, BRUCE. *La Tercera.* 19 de enero de 2022

SINEK, SIMON (2024). *Empieza con el porqué.* Editorial Empresa Activa (España).

STANDING, GUY (2014). *El precariado: una carta de derechos.* Editorial capitán swing libros (España).

VILLAFAÑE, JUSTO (2017). «Claves empíricas de la satisfacción y el compromiso del talento en las organizaciones». *Revista El Profesional de la Información.* Volumen 26, p. 6.

3

¿QUÉ HACEMOS?

1. Inicio: de Contables a Poetas

Un poeta es una persona dotada de gracia o sensibilidad poética, dotado de capacidad de sintonizar con los contenidos profundos y comunes de la humanidad o para percibirlos allí donde no se suelen percibir a simple vista. McKinsey & Company lleva prestando asesoramiento estratégico a empresas y otras organizaciones desde 1926, cuando James O. McKinsey, un profesor de contabilidad de la Universidad de Chicago, abrió allí una oficina de consultoría. Marvin Bower se incorporó a la empresa en 1933 y se convirtió pronto en su director. Bower estableció los principios básicos de la empresa y creó la práctica de la consultoría de gestión. La empresa se denominaba a sí misma como un equipo de «ingenieros de gestión» y comenzó ofreciendo asesoramiento sobre el uso de los principios contables para tomar decisiones. Su influencia en las compañías tradicionales de todo el mundo ha sido grande. McKinsey, entre otras, es capaz de convertir los contenidos profundos y comunes de la humanidad en números. Un modelo que ayuda a compañías poco eficientes a ser eficientes; pero que falla en percibir esos contenidos profundos y comunes allí donde no se suelen percibir a simple vista. En esta época se están produciendo muchos cambios que quizás no somos capaces de apreciar a simple vista. Necesitamos la agudeza visual de los poetas frente a la miopía de los contables.

La poesía es un género literario y toda obra literaria guarda en su esencia una propuesta de ideal. Un ideal es una propuesta de sentido, guía nuestro comportamiento y marca criterios sobre lo que es conveniente y lo que no. En este sentido el ideal nos conecta con la ética. Simon Weil escribió en 1937, «*cuando una palabra está bien definida nos ayuda a comprender una realidad o un objetivo concreto, o una manera de actuar. Aclarar ideas, desacreditar palabras intrínsecamente vacías y definir el uso de otras palabras mediante análisis precisos es, por extraño que parezca, una forma de salvar vidas humanas*». La literatura se asemeja a la ciencia, recordemos que la contabilidad pretende ser un modelo científico de gestión, en que ambas echan mano de los conceptos. Pero los conceptos de las ciencias pueden ser verificados en un laboratorio, los de la literatura no. La gestión empresarial no puede ser verificada en un laboratorio, lo que le aparta definitivamente de la ciencia y a medida que se aparta se acerca a la literatura. Una empresa tiene que convencer, persuadir, seducir para cumplir con su ley universal, ganar dinero satisfaciendo necesidades humanas. Por eso tiene que sintonizar con los contenidos profundos y comunes de la humanidad. La ciencia nos da certezas en los campos donde ofrece respuestas, pensamos que ninguna disciplina merece la pena a menos que nos de ese tipo de certezas. Sin embargo, la ciencia no es capaz de buscar los contenidos profundos y comunes de la humanidad donde no se suelen percibir a simple vista; algo que si queremos satisfacer eficientemente necesidades humanes tenemos que afrontar.

La ciencia, por ejemplo, no nos dice qué son los valores, qué es la razón en sí misma, qué propuesta de ideal es la adecuada y cuál no. Son cuestiones para poetas, cuestiones que los contables no saben cómo enfrentar. Las empresas no pueden renunciar a una propuesta de ideal, no pueden sustituir los sueños por objetivos, tercera vez que suenan los peruanos Ves tal Vez en este libro. En este sentido la gestión empresarial tiene que ver más con la creación de un lenguaje, con las historias para desarrollar un relato veraz que explique por qué contribuyen al progreso humano, historias para explicarnos a nosotros mismos, para entendernos.

Los británicos Sex Pistols cantaban en el estribillo de *God save de queen* que no había futuro para nosotros. Otros punkies, Siniestro Total, aprovechaban para hacerse preguntas, *¿Quiénes somos, de dónde venimos y a dónde vamos?* El quiénes somos está condicionado por de dónde venimos, somos lo que hacemos y hacemos lo que hacemos por pensar como pensamos y pensamos lo que pensamos por venir de dónde venimos, la base de nuestro sistema cultural. Una cultura que también nos permite imaginarnos el futuro, a dónde vamos, algo que a Sid Vicius y compañía no parecía preocuparle, *No future*. Al siniestro Julián Hernández sí. El primero hace años que murió de sobredosis, el segundo sigue danzando todavía por ahí, los siniestros parecen más listos.

La empresa tradicional abducida por el posmodernista fin de las narrativas ha renunciado a explicar la circunstancia, lo que le circunda, a hacerse preguntas, olvidando que como ya señaló Ortega y Gasset, *Yo soy yo y mi circunstancia, y si no le salvo a ella no me salvo yo*. La empresa no puede renunciar a explicar el entorno y desarrollar una propuesta, un ideal, que de sentido a su comportamiento corporativo. Una propuesta de ideal aspira a ser, ya lo hemos dicho, una propuesta de sentido unitaria, intemporal, universal y normativa. Ha de encontrar un equilibrio entre los diferentes intereses, a menudo contrapuestos, de cada uno de sus grupos de interés. Aspirar a que sea intemporal y universal es lo que le acerca a la salvación, porque como también hemos dicho, una empresa transciende los límites temporales de los que en un momento dado formen parte de ella.

Por último, el ideal no puede quedarse en explicar la realidad como es, eso también lo hace la ciencia, sino como le gustaría que fuera, a dónde vamos, el derecho a soñar del que hablaba Galeano, porque eso le va a permitir armonizar el interés económico, ganar dinero, con el interés social, satisfacer necesidades humanas, dotándole de un sentido ético. Ése es el reto que tiene que afrontar la empresa tradicional porque los posmodernistas DJ ya nos han dicho el futuro que quieren, un futuro transhumano, de realidades paralelas tipo META o directamente en Marte, volviendo a la Tierra sólo de vacaciones, un futuro pegado a dispositivos para darles datos que les ayuden en sus distopias. Las empresas DJ atraen a la gente porque la tecnología a simple vista parece muy transformadora, aburridos y quejumbrosos como estamos por nuestras vidas, abrazamos cualquier cosa con apariencia disruptiva, estas empresas han cambiado la manera en qué compramos, nos relacionamos, ligamos, consumimos ocio, ejercen mucha influencia y de manera muy intensa en nosotros. Por otro lado, nos han inoculado una idea muy simplista de nosotros mismos, hablar una lengua es algo más que lo que hace ChatGPT que en base a la estadística genera palabras o grupos de palabras, el lenguaje humano tiene que ver con el flirteo, con la seducción, con la discusión, con la negociación. Las empresas DJ se mueven bien con las reglas, aunque nos animen a ser excepcionales, son eficientes en entornos con reglas preestablecidas. Como dice uno de los padres de internet, Vitor Cerf, las máquinas «*saben jugar a juegos de mesa;* [pero en cambio], *no saben escribir poesía, ni hacer dibujos, no saben crear sinfonías, ni se enfrentan a la política, ni van a negociar un acuerdo comercial, no es una inteligencia en su sentido más general, es una competencia limitada, pero muy poderosa*». Para la contabilidad que seas japonés o mauritano es irrelevante, con la poesía el lugar donde naces, la edad, el sexo, tu entorno, tu cultura, los valores, no. ¿Qué mundo queremos, el del algoritmo o el de la sutileza? Ya sé que la IA sí escribe poesía o puede hacer dibujos y componer sinfonías, sí; pero nunca lo harán mirando donde no mira nadie.

Tres creo que son las razones de por qué la empresa tradicional está perdiendo la batalla frente a las empresas DJ. La primera la hemos repetido hasta la saciedad, el posmodernismo acabó con las narrativas y ha arrastrado a la empresa tradicional.

La segunda y tercera no son tan evidentes. Todas las disciplinas tienen una institución donde se da forma al pensamiento. La gestión empresarial tiene a las escuelas de negocio y en menor medida a la universidad. Unas instituciones que han abrazado con fruición el modelo científico de gestión, han sacralizado a los contables, entre matrices, DAFOS, perros, estrellas, vacas y tonterías varias. Cualquier escuela de negocios que se precie tiene un gimnasio, pocas tienen una biblioteca. Ese pensamiento tan desequilibrado en favor de los contables llega a las empresas de la mano de las grandes consultoras estratégicas (McKinsey, Boston Consulting Group y Brain Company) y las cuatro grandes de la auditoría (PwC, Deloitte, KPMG y EY). Empresas de todo el mundo contratan a estas compañías para que les ayuden con su estrategia. Un mercado que según diferentes estudios podemos cifrar de entre 700.000 millones de dólares y 900.000 millones de dólares. Estas compañías han convertido un modelo de gestión en el modelo de gestión, ya hemos señalado su voluntad de convertirlo en un modelo científico, como si se pudiera corroborar en un laboratorio. Un modelo que ya tenemos claro que no sirve para competir en estos tiempos posmodernos y que solo beneficia a las empresas DJ porque les permite seguir a lo suyo, pero al que los máximos directivos de las principales empresas de todo el mundo acuden una y otra vez. Nadie quiere ser el primero en gritar que el rey va desnudo. Invertir un poco menos en estos gurús contables y hacerlo un poco más en poetas, en narrativas de sentido; dejar de hacer programas de alta dirección en escuelas de negocios y acercarse a la filosofía o las bellas artes, sería el primer paso para salvar a la empresa y el modelo capitalista sobre el que se sostiene todo nuestro sistema cultural.

La tercera y última es que junto a estas compañías que aportan más sensación de valor que valor real como dice Mariana Mazzucato en su libro *El gran engaño*, nos encontramos multitud de libros de divulgación y practicas esotéricas como el coaching, los talleres de liderazgo, PNL, publicidad subliminal, autoayuda que recomienda positividad para superar las adversidades y recetarios voluntaristas que buscan más entretener que aportar pensamiento profundo a la gestión empresarial, puro posmodernismo, todos poniendo el foco en el individuo olvidando el proyecto compartido. Leer literatura, poesía, o acercarse al arte en cualquiera de sus disciplinas apartándonos de estos libros de caballerías posmodernos tampoco nos vendría mal. Más poesía y menos posmodernidad, una receta segura de éxito. La empresa es un proyecto colectivo y estas disciplinas, de manera chusca y evidentemente interesada, trabajan el individuo y el individualismo.

Renunciar a las narrativas, apostar todo a la gestión científica y poner el foco en el individuo es una receta fallida para competir con los DJ. La empresa tradicional se pasa la vida haciendo contables planes estratégicos, pero hay pocos dentro de ella que piensan estratégicamente. Las empresas saltan de una moda a otra, la excelencia, la reingeniería, la gestión por competencias, la sostenibilidad, la responsabilidad social, o la última ocurrencia del pseudo gurú de Harvard, sin pararse a pensar de manera profunda en si son propuestas de sentido y cómo afecta adaptarlas a su propuesta de valor. Saltamos de la reingeniería de procesos a la sostenibilidad sin pensar mucho, pero dando la sensación que hacemos cosas, que nos movemos, aunque no sabemos a dónde. Lo importante es ser moderno, excepcional. Ninguna empresa aspira a ser la mejor, extraordinaria, todas aspiran a ser excepcionales, diferentes; aunque son jodidamente parecidas. Mientras las empresas se entretienen con estas cosas las redes se llenan de críticas de los ciudadanos al modelo tradicional y por extensión al modelo capitalista. El capitalismo se caricaturiza como un modelo que trata al consumidor como un sujeto enajenado. A menudo lo es, preso de sus caprichos y al que las empresas DJ le ofrecen de manera inmediata la posibilidad de vivir experiencias, de sentirse excepcional y de expresarse. Ninguno reivindica que gracias a Zara vestimos mejor y que gracias a Ikea nuestras casas son más cómodas y bonitas. No hay color. Las empresas tradicionales han renunciado a dar la batalla, aunque los más listos ya saben que esto les lleva al desastre. El modelo DJ incentiva más, si cabe, y acelera todo de lo que el gentío se queja en sus plataformas, la sustitución de las necesidades por las apetencias, de los deseos por caprichos. El capitalismo va a morir presa, volvemos a Innerarity, no por una extraña conspiración de quejosos aburridos en Instagram; si no por la renuncia al relato.

El historiador italiano Carlo M. Cipolla escribió un provocador panfleto titulado *Las leyes fundamentales de la estupidez humana*, donde define a los individuos estúpidos como aquellos que causan daño a otra persona o grupo de personas sin obtener un provecho para sí, incluso obteniendo un perjuicio. La empresa tradicional con su renuncia a las narrativas, su abrazo al pensamiento científico y su inclinación hacia el esoterismo y los libros de caballerías está a un paso de cargarse todo nuestro sistema cultural sin conseguir, encima, ningún provecho. Las beneficiadas son las empresas DJ.

En el último capítulo de *Juego de Tronos* Tyrion Lannister se preguntaba, «*¿Qué une a la gente? ¿El oro? ¿Los ejércitos? ¿Las banderas?*», para responderse, «*Las historias. No hay nada más poderoso en el mundo que una buena historia. Nadie puede detenerla, ningún enemigo vencerla*». Pues eso, que hay que volver a las historias y para eso nada mejor que un poeta. Intentaré aportar unas ideas de cómo hacerlo.

2. Del Propósito a la Vocación

Ya hemos hablado del propósito y lo hemos definido como la determinación firme de alcanzar un objetivo, siguiendo a la Real Academia Española de la Lengua. Y ya hemos hablado de la vocación y de la pregunta del filósofo Javier Gomá, «*¿por qué determinadas personas dedican las mejores horas del día, los mejores días del año y los mejores años de su vida a producir algo que nadie les ha pedido?*». Todos los días una empresa debe de hacerse esta pregunta, ¿por qué dedicamos las mejores horas de día, los mejores días del año y los mejores años de nuestra vida a hacer algo que nadie nos ha pedido? La respuesta es por vocación. Hemos sustituido la tradicional visión y misión por el posmodernista propósito; olvidando la vocación empresarial y sustituyéndola por los «científicos» objetivos.

Las actuales sociedades posmodernas están muy fragmentadas, sólo somos capaces de ver pequeños fragmentos de realidad confundiendo el fragmento con el todo. Las empresas tradicionales si quieren competir con las DJ tienen que poner toda su capacidad y recursos para ver la realidad en su conjunto, no fragmentos, y además ser capaces de proyectarla con una propuesta de sentido. El motivo fundamental para que exista una compañía no puede ser la determinación firme de alcanzar un objetivo (el propósito); sino cómo contribuir al progreso humano satisfaciendo necesidades, ésa es la auténtica vocación empresarial y para eso necesita una idea de cómo hacerlo, la visión, y la misión, el instrumento, la propia compañía puesta al servicio de esa idea. Las empresas que se enfoquen en su vocación sobrevivirán, el resto no, caerán aunque en el camino hayan afrontado varios planes estratégicos, varias reingenierías de proyecto y varias definiciones de propósito.

El filósofo Hegel auguró que el elemento esencial de la sociedad moderna sería el Estado; Marx predijo, en cambio, que sería la clase; Hitler que el partido; antes otros habían dicho lo mismo de la religión, la monarquía o la etnia. Todos son construcciones humanas que buscan transcender a la propia muerte. Los seres humanos estamos condenados a morir, pero nuestras obras pueden, o no, transcender. Y dentro de estas obras está la empresa, la sociedad mercantil, una creación humana que puede ser inmortal. Y que, aunque gravemente herida, aún puede salvarse redescubriendo su vocación. Una vocación de permanencia porque la empresa, esa creación humana, puede ser inmortal, contribuir al progreso humano satisfaciendo necesidades es la manera que tiene la empresa para conseguirlo, para obtener un beneficio sin apartarse de su ley fundamental. Un beneficio al que le podemos poner límites, cuando ponga en peligro la supervivencia de la empresa, pero que no tiene por qué tener fin. Pasar del propósito a la vocación supone pasar de una concepción del beneficio ilimitado, sin límite, a otra concepción del beneficio infinita, sin fin, que se mantiene en el tiempo.

En 1987, Michael Douglas, en su papel de Gordon Gekko, protagoniza la película dirigida por Oliver Stone, Wall Street donde nos invita a ser codiciosos, «*La codicia, a falta de una palabra mejor, es buena; es necesaria y funciona. La codicia clarifica y capta la esencia del espíritu de evolución. La codicia en todas sus formas: la codicia de vivir, de saber, de amar, de dinero; es lo que ha marcado la vida de la humanidad,* [una codicia que sólo rinde cuentas a los accionistas], *en las siete últimas operaciones que yo he realizado dos millones y medio de accionistas han ganado doce mil millones de dólares, gracias*». Doce mil millones de ganancias movido por la codicia. La codicia es definida como el afán excesivo de riqueza. La ambición, en cambio, aparece cuando algo se desea con vehemencia. Aparece de nuevo el deseo, esa creación tan humana. Deseo de contribuir al progreso humano, a una sociedad mejor, a que la empresa, una obra humana, nos sobreviva. El propósito es avaricioso, la vocación ambiciosa. Ambición para competir con las avariciosas empresas DJ.

Históricamente esa cierta idea de todo recaía en el kahuma, un líder visionario que desarrollaba un producto o servicio que satisfacía de manera eficiente las necesidades humanas. Con el tiempo esa idea iba perdiendo fuerza, o bien porque los cambios en la circunstancia, en el entorno, la dejaban sin sentido; o bien porque el creador y su equipo desaparecían o eran sustituidos por gestores científicos; o bien porque la empresa caía en manos de Gordon Gekko que la utilizaba como un instrumento especulativo para obtener beneficios ilimitados y temporales, olvidándose de su vocación original. Una empresa que quiera sobrevivir tiene que estar continuamente trabajando, y eso supone dedicar tiempo y recursos, sobre esa idea de todo, la visión, sobre cómo puede seguir contribuyendo al progreso humano y adaptando la compañía a esa idea, la misión. La visión sin misión es una ocurrencia; la misión sin visión, burocracia y cuando no están alineadas la empresa acaba convirtiéndose en un bar. Cuando a una compañía le empiezan a ir mal las cosas lo primero que suele hacer es un plan estratégico, plan que normalmente se lo hace alguna de esas grandes consultoras que acabamos de citar. Tras unos años haciendo reingeniería, mapas de procesos, reorganizaciones y coaching sus altos directivos, la cosa sigue sin funcionar. En un segundo momento empieza a hacer lo mismo que hacía, volvemos al origen, suelen decir en algún evento trasgresor; pero más grande, más pequeño, más fino, más gordo, pintado de colores, etc., la cosa sigue sin funcionar. En el tercer momento, baja precios y empieza a reducir estructura, para bajar precios y reducir estructura no hace falta talento, basta con tener pocos escrúpulos. El último paso, el cuarto, es montar un bar. Si nos damos un paseo nos encontramos cada vez con más bancos que parecen cafeterías, supermercados que son restaurantes o compañías de energía que parecen una tasca.

Es un camino que lleva a la nada porque nos estamos apartando de lo básico, de la vocación. Para reencontrarla y ponerla de nuevo en la base del proyecto empresarial la tecnología puede echarnos una mano, sí, la tecnología, ¿qué pasa? Los nuevos kahumas, tienen que encargarse de nuevas funciones, abandonar su papel de tradicionales visionarios incapaces de adaptarse a la circunstancia o de eficientes contables con el único talento de conseguir beneficios a base de ajustar plantilla. Me recuerdan mucho a una anécdota que contaba mi abuelo, *cuando estaba a punto de acostumbrar al burro para que no comiera va y se me muere.* Y es que, como cantaba Bob Dylan, *The times, they are a-changing.* El nuevo kahuma tiene cuatro funciones fundamentales. La primera es crear las condiciones necesarias para que la Inteligencia Colectiva (IC) aparezca. La segunda es dar con una narrativa de sentido para los diferentes intereses contrapuestos que conviven en un proyecto empresarial. La tercera es gestionar el riesgo. La cuarta es manejar la influencia.

3. La Sabiduría de la Multitud

James Surowecki publicó en 2004 *La Sabiduría de la Multitud* (*Wisdom of Crowds*), libro que popularizó la inteligencia colectiva y que trata sobre la combinación de la información en grupos. Según Surowecki los grupos a menudo, y siempre que se cumplan unas premisas, llegan a decisiones mejores que las que podría tomar un solo miembro del grupo, aunque fuera el más experto. El conocimiento experto del kahuma está siendo sustituido por la inteligencia colectiva. El ejemplo que siempre se utiliza para ilustrar la sabiduría de la multitud es Wikipedia, la enciclopedia de contenido libre que hace gala de estar siempre más actualizada y contener menos errores que la experta Enciclopedia Británica. Inteligencia colectiva y artificial no son exactamente lo mismo, aunque sus límites no están claros. El ya citado escritor y filósofo tunecino Pierre Lévy afirma que *«la inteligencia colectiva es un proyecto para hacer más inteligentes a las personas con ayuda de los ordenadores, y no hacer a los ordenadores más inteligentes que las personas». Bueno, son maneras de verlo, pero yo creo que son complementarias. La Inteligencia colectiva es la que mejor puede ayudarnos a adaptar la cierta idea de todo, la visión, a los vaivenes de la circunstancia.*

Emili Servan-Schreiber es un especialista en poner la inteligencia colectiva al servicio de la predicción. Ha desarrollado un esquema que plantea cuatro alternativas para interpretar los datos, en función de la cantidad de datos que tengamos y los estructurados o no que estén. Si hay pocos datos y están poco estructurados, lo más eficiente es que los interprete una persona, un líder experto, o un grupo muy pequeño de expertos. Era la situación en la que estaban hasta hace relativamente poco tiempo las compañías tradicionales, un comité de dirección, un comité de expertos, guiados por su talento e intuición interpretaban la circunstancia y adaptaban la empresa. Si hay pocos datos pero están estructurados, lo más eficiente es analizarlos a través de un programa de ordenador, a este punto llegamos con el desarrollo de la informática, el Excel hizo mucho más eficientes a los contables y, ¡qué grandes tardes pasamos contando cosas y midiendo! Si hay muchos datos y además están estructurados tiene sentido acudir a la IA. Por último, si hay muchos datos, pero están poco estructurados, la mejor solución es que se procesen por un colectivo grande de personas, es decir, por inteligencia colectiva.

Este mundo posmoderno nos da muchísimos datos; pero para identificar los contenidos profundos y comunes de la humanidad y cómo afectan a nuestra vocación no siempre miramos allí donde no se suelen percibir a simple vista. Es función del kahuma mirar donde no mira nadie y a partir de ahí, cuanto más puntos de vista incorporemos, más fácil será que veamos lo que no sé ve un vistazo. Por eso una de las principales funciones del kahuma es crear las condiciones para que la inteligencia colectiva aparezca. No todos los grupos son sabios, de hecho, ya hemos hablado de esto, los grupos caen con frecuencia en la estupidez colectiva. Para que la inteligencia colectiva aparezca se deben de dar cuatro condiciones. La primera es que haya diversidad de opinión, la segunda independencia entre los miembros del grupo, la tercera descentralización y la cuarta combinación de puntos de vista. A eso se tiene que dedicar el nuevo kahuma, a gestionar la diversidad de opinión de personas independientes que aporten sus ideas de manera descentralizada para mezclar unos puntos de vista con otros.

Anita Williams Woolley es investigadora del Carnegie Mellon University, Tepper School of Business. Junto a sus colegas Thomas Malone y Christopher Chabris investigaron la inteligencia colectiva. Desde hace tiempo sabemos que hay personas más listas que otras, la pregunta que se hicieron de partida fue, ¿sucede igual con los grupos? Para responder reclutaron a casi 700 participantes y los agruparon en equipos de dos a cinco miembros. Trabajaron varias horas en una serie de retos y enigmas del mundo real que les obligaban a colaborar. Algunos retos exigían creatividad, otros razonamiento verbal o moral, negociación o planificación. La conclusión es que sí, unos grupos eran más listos que otros. ¿Por qué? Descubrieron que los grupos más listos no estaban formados necesariamente por los que tenían mayores coeficientes intelectuales, tampoco tenía que ver con la extroversión o introversión, ni con que el trabajo les gustara más o menos. Los equipos más inteligentes tenían tres características. La primera es que contaban con más mujeres que hombres. ¡Vamos! La segunda es que sacaban mejor puntuación en una prueba que se llamaba 'Leer la mente con una mirada', que medía hasta qué punto una persona es capaz de sacar deducciones acertadas mirando fotografías de ojos. *Esos ojos de gata* que cantaban Los Secretos. Por último, en los equipos más listos todos sus integrantes contribuían de forma más repartida a las discusiones, en lugar de dejar que las dominaran una o dos personas. Los equipos inteligentes huyen del sesgo, en este experimento de sexo, pero sucedería lo mismo con cualquier otro colectivo, los grupos inteligentes son diversos. Se miran a los ojos, con ver el mítico vídeo del montaje *The artist is present* en el que la artista y performer Marina Abramovic se reencuentra 23 años después con el amor de su vida, podemos confirmar el poder de una mirada. Y no conciben la discrepancia como polarización; sino como riqueza.

Milton Friedman, Premio Nobel de Economía en 1976 y defensor de un modelo de gestión conocido como capitalismo de accionistas o de *shareholders*. Friedman, uno de los fundadores de la escuela económica de Chicago, es considerado como un economista clásico defensor del libre mercado; en su libro *Capitalismo y Libertad* defiende que la principal responsabilidad de una empresa es aumentar los beneficios para sus accionistas.

Frente al enfoque de Friedman tenemos el de Freeman. Edward Freeman, un filósofo y profesor universitario, que en 1984 publicó *Strategic Management: A Stakeholdershol-der Approach*; libro en el que formula la teoría de los grupos de interés o *stakeholders* y donde identifica los grupos de personas que están interesados y afectados por una organización, planteando un modelo para tratar de alcanzar el equilibrio entre ellos. Freeman señala que, al margen del objetivo final de toda compañía, ésta debe tener en cuenta los efectos, las consecuencias, que sus acciones tienen sobre los demás. El equilibrio supone una armonía entre diversos y diversos son los intereses, compromisos y obligaciones de los diferentes grupos que forman una empresa.

Freeman, al contrario que Friedman, considera que la gestión empresarial consiste en armonizar, en equilibrar, esos diferentes intereses. Para conseguirlo seguro que es más eficaz echar mano de la diversidad, mirar a los ojos y admitir la discrepancia. La gestión empresarial es percibida como un modelo de negocio integrador de intereses contrapuestos de todos los afectados por la actividad de la empresa y dando al menos tanta importancia a cómo se gana el dinero que al cuánto se gana.

El papel de los modernos kahuma está en mirar donde no mira nadie y conseguir e incentivar que los grupos de interés de la empresa sean lo más diversos posibles. Las empresas que vendan a más gente y en más sitios sin duda son más inteligentes que las que sólo venden a los de su pueblo. Las empresas capaces de atraer talentos diversos, con competencias diversas y con formaciones diversas, sin duda son más inteligentes que las que sólo atraen a hombres blancos, sesentones que han estudiado administración de empresa o ingeniería. Las empresas capaces de atraer un capital diverso e implicado, lejos de fondos centralizados que sólo toman sus decisiones basados en el algoritmo, sin duda son más inteligentes, si la vocación de tu capital es especulativa, *no future*, que diría Sid Vicius. Y eso requiere una narrativa. Una narrativa adaptada a estos tiempos tan posmodernos.

4. Cuéntame un cuento

Cuéntame un cuento y verás que contento me voy a la cama, cantaban los vallisoletanos Celtas cortos. La segunda función del kahuma es desarrollar una narrativa de sentido para los diferentes intereses contrapuestos que conviven en un proyecto empresarial. Las personas siempre hemos necesitado historias. Las buenas historias pasan a formar parte de nuestras vidas y nuestra cultura. El filósofo coreano Byung-Chul Han publicó en 2017 el libro *El fin de la narración*. Su tesis es que las formas tradicionales de narración están en crisis en esta época digital. Nunca hemos tenido tantos dispositivos y pantallas para seguir una historia, las empresas DJ nos dan la oportunidad de vivir experiencias profundas y participativas.

Henry Jenkins es un académico estadounidense de los medios de comunicación. En su libro *Convergencia cultural* habla de los comportamientos migratorios de las audiencias, capaces de llegar a cualquier parte en busca de experiencias entretenidas. La manera de contar historias ha cambiado, no basta con un discurso en Navidad con el CEO diciendo los trabajadores son nuestro bien más preciado. No podemos llenar de carteles las paredes de la fábrica con el eslogan del cliente es nuestra razón de ser. Como tampoco basta cuando en la presentación de resultados, el mismo CEO que se dirigía a los trabajadores en Navidad y llenaba de carteles la fábrica, dice creamos valor para el accionista. El esquema tradicional de trama, conflicto, clímax y desenlace se ve socavado por la fragmentación de la atención y la sobreexposición a una avalancha de datos. Las empresas en vez de aceptar el fin de las narrativas tienen que adaptarse y encontrar nuevas formas de dar sentido a tanto fragmento que nos rodea.

Una narrativa poco tiene que ver con el posmodernista y entretenido *storytelling*. El *storytelling* busca emocionarnos para que pasemos más tiempo en la plataforma o compremos más botes de colonia. Una narrativa intenta encontrar una explicación sobre cómo los diferentes intereses contrapuestos de una compañía se pueden poner al servicio de la empresa para contribuir al progreso de las sociedades donde estamos mientras que obtenemos un beneficio sostenible en el tiempo, ilimitado. El beneficio nos va a permitir compensar de manera legítima a nuestros accionistas por su inversión, retribuir de manera adecuada el talento necesario para aportar valor y satisfacer las necesidades humanes de manera eficiente. No hay modelos de negocio sostenibles en sociedades que no sean sostenibles, por eso las empresas tienen que explicar, narrar, por qué son necesarias. Si lo hacen estarán defendiendo el capitalismo; si no, contribuirán al, a menudo distópico, posmodernismo DJ que les acabará arrastrando. La narrativa crea comunidad frente al inocuo *storytelling* que sólo busca experiencias y emociones. Un falso dilema que a menudo se nos presenta es el de la modernista razón frente a la posmodernista emoción. En palabras de Michael Lacroix, con el actual culto a la emoción hemos sustituido el reduccionismo racionalista de los contables por un reduccionismo emocional de los entretenedores porque un poeta es algo más profundo. Es un dilema interesado y además falso, como dice Victoria Camps, *«lo que hay que evitar son los antagonismos, no apostar por las emociones sin más ni por la racionalidad pura, pues ni los sentimientos son irracionales ni la racionalidad se consolida sin el apoyo de los sentimientos».*

Un poeta es un barman capaz de mezclar emoción y razón con la medida adecuada. La polarización y el escándalo llegan más rápido a las vísceras y nos pegan a las pantallas que nos ofrecen las empresas DJ, son copas de garrafón. Las empresas tradicionales non pueden competir por la atención con inocuos refrescos en forma de estúpidos *storytelling*; pueden, deben, hacerlo con narrativas de sentido, mezclando con tiento y pulso firme. Sustituyamos la experiencia y postear, por el vivir y narrar. ¿Cómo? Es momento de aceptar que no lo sé. No sé cómo se desarrolla una narrativa de sentido; pero sí sé por qué fallan las narrativas y de ese hilo podemos empezar a tirar.

Los primero que hay que alinear en una compañía es lo que se hace con lo que se dice. Esto es fácil de escribir, pero muy complicado de hacer. Normalmente los que en una compañía hacen las cosas están muy alejados de los que cuentan las cosas. La consecuencia es que las compañías cuentan cosas que poco tienen que ver con lo que hacen, y mucho de lo que hacen no se entera nadie. Ya hemos hablado de la Velvet, la banda que mientras estuvo en activo vendió solo un puñado de discos y que hoy es reconocida como banda de culto. Cuando lo que hacemos no se alinea con lo que decimos nos puede pasar lo que a la Velvet, que solo se nos reconozca cuando hayamos desaparecido. Toda narrativa tiene que partir de nuestros comportamientos de impacto, de lo que hacemos. Los comportamientos de impacto responden a la pregunta de cómo contribuye mi compañía al progreso humano, cómo sintoniza con los contenidos profundos y comunes de la humanidad, si no somos capaces de responderla, mal asunto. La respuesta es lo que nos permite identificar nuestros comportamientos de impacto, lo que nos hace distintos al resto de las compañías, la aplicación de nuestra vocación. Una vez identificados los comportamientos de impacto debemos analizar si están alineados con nuestra narrativa, con nuestro relato, si lo que decimos coincide con lo que contamos. Si no coincide empecemos por ahí y dejemos el plan estratégico para otro momento.

Una vez alineado lo que se hace con lo que se dice pasamos al siguiente paso, la narrativa se tiene que proyectar hacia el futuro. Aspirar a algo es desear algo, las personas sobre las que recae la responsabilidad de dirigir la compañía tienen que definir cómo desean que sea la compañía en el futuro, cómo pretenden seguir contribuyendo al progreso humano. De nuevo, no siempre las aspiraciones de todas las personas que dirigen una compañía están alineadas, las aspiraciones tienen que ver con nuestra historia y nuestra cultura, pensamos como pensamos porque venimos de dónde venimos, vuelve a sonar Siniestro. Y la cultura afecta a nuestro comportamiento corporativo, a lo que hacemos, hacemos lo que hacemos porque pensamos como pensamos. Si no está alineado, si cada uno explica la compañía de una manera, si la cultura no es compartida, de nuevo mal asunto. Y ojo, esto no quiere decir que la compañía tenga que ser como los Amish, cuantos más puntos de vista incorpore y más diversos sean, mejor; pero en una única cosa debemos de estar de acuerdo, el papel que desempeñamos y que queremos desempeñar como compañía para contribuir al progreso humano. A partir de ahí, toda discrepancia es bienvenida.

Definidas las aspiraciones, el tercer paso es enfrentarlas a las expectativas e intereses de los diferentes grupos de interés. Si una aspiración es un deseo, una expectativa es la esperanza de conseguir algo. Los horizontes temporales de aspiraciones y expectativas son distintos. Una narrativa tiene que conseguir darle sentido a los legítimos intereses y expectativas de sus grupos de interés. Intereses y expectativas que son contradictorios, ése es el gran reto de una compañía, ésa es la clave, encontrar un relato coherente que armonice sus aspiraciones como empresa con los diferentes intereses y expectativas de sus grupos de interés. Cuando aspiraciones y expectativas se armonizan empezamos a tener un modelo de negocio viable.

Por último, una compañía tiene que encontrar su territorio de legitimidad y dar con un relato diferente, propio. Un territorio de legitimidad tiene que ver con la esencia de su comportamiento. Un banco, el Santander, un suponer, está legitimado para hablar del futuro del dinero, ahora no pinta nada hablando de las ballenas. Una compañía de energía, Iberdrola, un suponer, está legitimada para hablar de fuentes sostenibles de energía o de la sustitución de los combustibles fósiles y cómo va a afectar a nuestras vidas; pero no pinta nada hablando del Amazonas. Una empresa de comunicaciones, Telefónica por ejemplo, está legitimada para hablar sobre la explotación del dato o la privacidad; pero pinta poco hablando de hábitos saludables. Una empresa de moda, como Inditex, tiene mucho que decir sobre cómo nos vestiremos en el futuro; pero poco sobre si la bicicleta va a sustituir al coche; dejemos eso para Orbea o Seat.

Una narrativa de sentido debe de superar dos tentaciones, la primera es abusar de palabras con prestigio, la segunda la prueba de la trivialidad. Hay palabras que tienen prestigio, por ejemplo, sostenibilidad. La mayoría de las empresas del selectivo Ibex incorporan la palabra sostenible en sus declaraciones de propósito; si todas son sostenibles, ser sostenible significa poco. La segunda es la trivialidad, consiste en hacer la prueba de poner tu narrativa en negativo. ¿Alguna compañía declarará ser insostenible?, definirte como sostenible, entonces, significa poco. Nuestros productos son de calidad, ¿alguna compañía va a decir que sus productos no tienen calidad?, bien sigue intentándolo.

¿Difícil?, seguro, nadie dice que sea fácil; la alternativa es asumir las narrativas de los DJ que ellos sí que la tienen. Una narrativa que defiende la desintermediación, la libertad, saltarse los límites del Estado-nación y hacer del mundo un lugar mejor, aunque el mundo sea Marte o un realidad paralela. Buscan cambiar nuestro sistema cultural, lo que, ya digo, no es necesariamente malo; pero creo que todos debemos saber a qué jugamos antes de ponernos a cambiar el mundo. De momento parece que van a dar un paso más y ahora ya no van a pedir perdón. En septiembre de 2024 Mark Zuckerberg presentó Orion, un prototipo de gafas inteligentes de realidad aumentada, *«la gafa más adelantada del mundo […] Por ahora, creo que la forma correcta de ver a Orion es como una máquina del tiempo. Estas gafas existen. Son increíbles y son un atisbo de un futuro que creo que será bastante emocionante».* Dos semanas antes de la presentación un crecido Mark declaró que se habían acabado los tiempos de pedir perdón. Para Zuckerberg el progreso es una realidad paralela emocionante que vamos a ver detrás de unas gafas y no va a parar hasta que lo consiga. La empresa tradicional no sabe si está en lo cierto, pero lo cierto es que está aquí, que diría Rosendo, lejos de realidades paralelas futuras por muy emocionantes que sean.

5. Riesgo, riesgo, riesgo

Todas las épocas tienen su figura emblemática, para los griegos era el héroe de la ciudad, luego fueron los santos, más tarde los sabios. En la época moderna fue el empresario y la empresa. Ahora parece que has sido sustituidos por estos tecnólogos DJ que no producen nada pero intermedian. ¿Es el fin del empresario? Pues depende de ellos. Si la empresa tradicional intenta competir con las DJ en tratamiento de datos desaparecerá; si sólo busca el beneficio bajando estructura, también. La empresa satisface, ya está dicho, necesidades humanas. Esa satisfacción es la fuente de nuestro placer. Un placer consistente sostenido en el deseo o un placer sostenido en los efímeros caprichos. Un empresario para satisfacer necesidades necesita audacia. Osadía para evaluar el riesgo y tomar la decisión adecuada. La tercera función del kahuma es gestionar el riesgo, y gestionar el riesgo supone interpretar el futuro. El futuro se puede interpretar haciendo predicciones estadísticas a partir de toneladas de datos o mirando donde no mira nadie, escuchando a quien no escucha nadie y preguntando a quien no pregunta nadie. Alejandro Schmidt fue un poeta y periodista cultural argentino, en una entrevista que le hicieron para la revista cultural *Nagari* declaró «*Un poema debe asumir el riesgo, la desprolijidad, el exceso. Prefiero los recortes, lo que se deshecha, borrones, tachaduras* [...] *no el objeto acabado, la conclusión, el punto final, sino los pedazos vivientes, los sueños, los tumultos de la sangre* [...]. *Amo los balbuceos, el desorden, las dudas, los espacios en blanco, las reiteraciones* [...]. *¿No opera acaso así nuestro corazón, nuestra cabeza?* Pues sí, así opera, por eso un empresario es un poeta, no un gestor. Las empresas dirigidas por poetas son capaces de convivir con el riesgo previendo cómo el entorno cambia, las dirigidas por contables no, sólo saben dar las mismas respuestas a problemas que ya no existen.

En 1979 Camarón de la Isla publica *La leyenda del tiempo*, su décimo álbum. Un disco revolucionario que miró donde el flamenco tradicional no miraba. Hoy está considerado una de las obras más importantes de la historia del flamenco; aunque en 1979 no había muchos que estuvieran de acuerdo. Se vendieron solo unas miles de copias y, encima, algunos de los que compraron lo devolvían porque eso no era flamenco. Camarón llevaba años publicando álbumes según los palos clásicos; pero, un poco por convicción y otro poco por la insistencia de Ricardo Pachón, el productor, empezaron a fusionarlo con otro tipo de músicas como el jazz, el rock e incluso el sitar indio. Asumieron el riesgo. Álex D'Averc escribía en la revista *Rockdeluxe*, una biblia de la modernez musical de la época, «*Si el entramado de sutilezas interpretativas e intrigas bizantinas que rodean al flamenco hace que los debates que surgen en su seno duren más, el de la tensión entre ortodoxia e innovación tiene el mérito de ser el más largo y encarnado de todos ellos. Se trata de la eterna polémica de si el cante debe seguir siendo la recreación continua de un canon ya fijado o si, en cambio, debe aceptar nuevas formulaciones para no agotarse, aun a riesgo de que se disuelvan sus esencias primigenias*». Los debates entre ortodoxia e innovación son debates entre los ortodoxos contables, los amantes de los palos clásicos, y los osados poetas que, dominando los palos clásicos, se atreven a mirar donde no mira nadie. ¿Por qué? Porque a la circunstancia, al entorno, le ha dado por no estarse quieto.

El swing es un estilo de jazz que aparece en los años veinte y se populariza en la década siguiente. Se caracterizaba por una big band puesta al servicio del solista. Benny Goodman, junto con Glenn Miller y Count Basie, son sus músicos más populares. El swing provocaba que muchos músicos se frustraran por tocar en orquestas tan grandes y empezaron a buscar nuevas formas de expresión. Dos jóvenes músicos, Dizzy Gillespie y Charlie Parker, optaron por saltarse las normas y aprovechar los pocos espacios que les dejaba la orquesta para lucirse tocando de manera frenética, era su forma de reírse de la rigidez que tenían las orquestas de swing que les impedía desarrollar su creatividad. Fue el origen del BeBop que coge auge porque era difícil mantener formaciones de gran tamaño cuando los circuitos comerciales se hundieron tras la Segunda Guerra Mundial. El BeBop se diferenciaba del swing en que en vez de grandes orquestas eran grupos pequeños y el protagonismo se repartía entre todos los músicos. La improvisación formaba parte de su esencia. Improvisar es una manera de crear; aunque no toda la improvisación es creativa, ni todo lo creativo es innovador. Camarón fue osado mezclando el flamenco con otras músicas, miró donde no miraba nadie apartándose del canon fijado; Dizzy Gillespie y Charlie Parker encuentran espacio para soltar su creatividad, en vez de masticar su frustración, encuentran su sitio por pequeño que fuera. Luego el entorno les ayudó. Ambos, Camarón y los jazzeros, dominan su disciplina, legitimados por ese dominio transcienden la tradición. Ninguno se queda en el tontorrón *work in progress* que nos lleva a mirar donde todos miramos, a escuchar lo que todos escuchamos y a preguntarnos lo que todos nos preguntamos, dando voz a la comunidad. La comunidad siempre es conservadora, quiere siempre lo mismo más barato o mejor. Ellos son vanguardia, asumen riesgos, no se saltan las normas, las superan, dominan la ortodoxia pero la fuerzan a ir más allá, con capacidad y talento suficiente para entender las consecuencias. No son genios excepcionales que no imitan a nadie y que crean reglas nuevas, parten de lo que saben hacer, de la tradición, de las reglas que existían y las superan, son extraordinarios, no excepcionales. Lo racional no es el adanismo de inventarse nuevas normas que a menudo son muy antiguas, sino decidir cuáles queremos superar y para qué. El progreso contable busca avanzar el conocimiento acumulando datos, cada progreso, cada avance, convierte en arqueología lo anterior, el conocimiento es acumulativo; en cambio para los poetas el progreso no es acumulativo, Lorca no deroga a Valle-Inclán, ni éste a Quevedo. Tiene en cuenta el de dónde venimos para soñar hacia dónde vamos, y eso supone conocer la cultura para modificarla, asumiendo riesgos; pero no de manera irracional. Los contables miran a la competencia, los poetas la circunstancia y, a partir de ahí, la proyectan al futuro e influyen.

6. Influencia

Influir significa producir ciertos efectos sobre otra cosa, en su tercera acepción, también significa contribuir con más o menos eficacia al éxito de un negocio. Las empresas. Las tradicionales y las DJ pueden, y deben de influir, en las sociedades donde desarrollan su actividad. La manera de influir ha cambiado en estos tiempos posmodernos, una compañía tiene el valor que la comunidad decide darle, ya hemos hablado de cómo predominan las expectativas a los resultados en el valor de la acción. Una comunidad se crea entorno a la conversación, también hemos hablado de la responsabilidad del kahuma de integrar la inteligencia colectiva de sus diferentes grupos de interés. En esta situación, ¿cómo pueden las empresas influir? Proponiendo temas de conversación.

Proponer temas de conversación a partir de su territorio de legitimidad. Proponer temas de conversación no es hablar, las empresas hablan demasiado e influyen poco. Algún ocurrente posmoderno dijo aquello del contenido es el rey; pero se equivocaba. Internet está lleno de contenidos que no influyen en nadie porque ni los ve, ni los escucha nadie. Partir de tu territorio de legitimidad y proponer temas de conversación para que la comunidad converse es el rol que se espera de las compañías. Una comunidad se compromete entorno a una conversación, no se compromete, aunque cueste asumirlo, con una marca o una compañía. Repito, la comunidad se compromete con una conversación. Si una compañía es capaz de proponer temas de conversación a una conversación se comprometerá y el compromiso se convierte en valor. La medida para medir el valor es su reputación. La reputación es el reconocimiento que los grupos de interés hacen del comportamiento corporativo. Trabajar el reconocimiento, la reputación, evita caer en el efecto Velvet, también hemos hablado de esto. Y la reputación protege y aporta valor. No es cierto el dicho que circula por ahí sobre que se tarda toda una vida en construir una reputación y solo un minuto en perderla. No, la reputación protege y aquí las empresas tradicionales pueden explotar su ventaja frente a las empresas DJ si son capaces de poner en valor los años que llevan cumpliendo con sus compromisos.

Cada vez que un contable me dice que cómo mide el impacto de la reputación en su cuenta de resultados le lanzo el siguiente reto. Prueba a estar un mes vendiendo lo que vendes, al precio que lo vendes; pero no digas que tu compañía está detrás, ¿venderás más o menos?, ¿más caro o más barato? Prueba a seguir con los procesos de selección que tenías programados, sigue ofreciendo las condiciones que ofrecías; pero no digas en qué compañía se incorporan, ¿captarías mejor o peor talento?, ¿con más o menos

competencias? Continua con tu financiación, presenta tus
cuentas de resultados, balance y garantías tal y como lo
habías previsto, pero no digas quién eres, ¿te darán más
o menos financiación, en mejores o perores condiciones?
Por último, habla con el alcalde de alguna ciudad y dile el
interés que tienes en instalarte en el municipio, pero de
nuevo, no digas quién eres, ¿tendrás más o menos licencia
social? Si después de hacer esto tu cuenta de resultado y
tu balance no se resiente, no tienes reputación. Ahora, si
cómo es previsible, si se resienten, ése es el valor de la reputación de tu compañía. ¿Sencillo? Se buscan contables
que asuman el reto. La influencia aumenta la reputación y
la reputación aporta valor y el valor competitividad; pero
no todos los kahumas tradicionales saben manejar estas
cuestiones, la vocación, inteligencia colectiva, narrativa,
gestión del riesgo e influencia. Años de enfoque contable
han dejado huellas profundas.

7. El nuevo kahuma para competir en tiempos DJ

A la tradicional compañía General Motors la Gran De-
presión le puso en problemas. Uno de sus principales pro-
veedores decidió salvarla. Pierre Du Pont, presidente de
Dupont, compró casi el 40% de las acciones de GM con
la condición de sustituir en la presidencia al fundador Wi-
lliam Durant por un ingeniero joven que ya trabajaba en
GM, Alfred Sloan. A Sloan se le considera el primer directivo profesional. No era el dueño de GM, era el gestor que

respondía ante Dupont. La propiedad de la empresa y la gestión de la empresa se separaron. Los 'sloanes' empresariales enseguida adoptaron el modelo científico de gestión. Respondían ante sus accionistas en un enfoque muy de Milton Friedman.

Hoy ya nadie discute que el enfoque adecuado es el multistakeholder, que el directivo de una compañía debe de responder ante todos sus grupos de interés. Este nuevo enfoque ha coincidido con la llegada de las empresas DJ que han hecho que todo saltara por los aires. La empresa tradicional se ve abrumada y ante una disyuntiva. Imitar a las empresas DJ recopilando y explotando datos, algo en lo que evidentemente siempre les van a llevar ventaja o seguir con el modelo tradicional de gestión, el modelo de los contables. Nuestra propuesta ofrece una tercera vía, la empresa tradicional no puede renunciar a una narrativa que le ayude a explicarse y a explicarnos como contribuyen al progreso humano.

El modelo de Sloan valía cuando se sabía ante quién se respondía, ante Dupont, y cuando el único modelo de gestión eran los beneficios. Las compañías que más beneficios conseguían eran las compañías mejor gestionadas. Ahora que el beneficio ha dejado de ser importante y no se sabe muy bien ante quién se responde, ¿quién es el dueño del Santander?, ¿de Telefónica?, ¿y de Iberdrola?, hay que manejar otras cosas. Una narrativa se combate, o se compite, con otra narrativa. Los kahuma de las empresas DJ tienen una narrativa, su narrativa, se comportan como si la empresa fuera suya, aunque no lo sea. Zuckerberg no llega al

15% de las acciones de META, Musk supera por poco el 20% de Tesla y Bezos no llega al 10% de Amazon.

Su narrativa de intermediación DJ se está imponiendo y sus compañías están entre las más valoradas del mundo. La empresa tradicional no puede hablar de gestión y beneficios, tiene que apartarse de ese discurso contable para hacer una propuesta de sentido. Volver a las narrativas en la época en la que las narrativas han muerto. *Lo mejor que tiene la posmodernidad es puede ser poco más o menos lo que a uno le apetezca; pero lo que termina siendo realmente enojoso es precisamente eso: que puede ser lo que uno quiera.* Pues bien, nada que objetar sobre el final de la triada, progreso, racionalidad y búsqueda de verdades universales; pero como ciudadanos, como consumidores, como trabajadores, como inversores, tenemos derecho a saber por qué va a ser sustituido. ¿De verdad este modelo de Marte y realidades paralelas nos va a traer un mundo mejor?, ¿este mundo hipertransparente nos va a traer un mundo mejor? Los pilares sobre los que se asentaba el mundo de los contables se tambalean.

Según Merco Talento Universitario de 2023, las en otro tiempo deseadas Big Four parece que ya no lo son tanto. La primera que aparece, insisto, según este ranking, es Deloitte en el puesto 22, PWC en el 57 y EY en el 66. Peor les va a las consultoras estratégicas, la Boston Consulting Group aparece en el puesto 102 y McKinsey en el 103. la empresa que más atrae a los universitarios españoles para trabajar es Apple, seguida de Google, Amazon aparece en el puesto 6 y Microsoft en el puesto 7. Cuatro empresas DJ o con fuerte componente tecnológico entre las más atractivas para los universitarios españoles. Pero también entre las 10 primeras hay empresas tradicionales como Inditex, Santander, Mercadona, BBVA o Mercedes Benz. No está todo perdido para ellas.

La generación Z, esa generación que nació entre el final del siglo XX y el inicio de XXI, tiene a la sueca Greta Thunberg como un referente. Greta saltó a la fama cuando se puso a regañar a todo el mundo, gobiernos incluidos, por la inacción frente al cambio climático, arrastrando a montones de chavales a la calle para quejarse, *si tengo hijos, quizás me preguntarán por qué (vuestra generación) no hizo nada cuando aún había tiempo para actuar,* soltó en su discurso en la 24ª conferencia sobre cambio climático organizada por la ONU en Katowice (Polonia). El cambio climático está abriendo una brecha entre países y también entre generaciones, entre jóvenes y viejos, unos jóvenes entre los que ha hecho fortuna el eslogan *cambiemos el sistema, no el clima.* El cambio climático es el Vietnam de los Z.

Hoy en día, y algo ha tenido que ver la muchachada en esto, los riesgos asociados con el impacto medioambiental se han convertido en una de las principales preocupaciones de la sociedad. El informe sobre riesgos mundiales es un estudio que se publica anualmente por el Foro Económico Mundial, también conocido como Foro de Davos, basado en una encuesta sobre los riesgos globales —Global risk perception survey (GRPS)— a líderes de opinión del mundo empresarial, académico, social, etc. El informe trata de identificar los principales riesgos que tenemos que afrontar, cómo se relacionan unos riesgos con otros y qué estrategias se deberían de seguir para reducirlos y gestionarlos. Entre los riesgos con mayor probabilidad para los próximos diez años se encuentran el clima extremo, el fracaso de la acción climática y el daño ambiental provocado por el hombre. Nuestro modo de producir y usar la energía junto con la manera de alimentarnos son los causantes del efecto invernadero que está provocando el calentamiento global, un calentamiento que tiene consecuencias como el cambio climático que tanto cabrea a los Z.

En el fondo de lo que estamos hablando es como armonizar la sostenibilidad económica con la medioambiental y la social. Un debate que va a condicionar nuestro sistema cultural y nuestro modelo de consumo. Un debate que engloba otros debates como la desigualdad, la privacidad o el pago de impuestos. Debates en los que la empresa tradicional no puede quedarse fuera, encontrando territorios de legitimidad para influir en la sociedad, explicando, contando, narrando cuál es su propuesta para seguir contribuyendo al progreso humano. Mirando, escuchando, observando, donde no lo hace nadie. Necesitamos contables para que nos echen las cuentas; pero, sobre todo, necesitamos poetas.

Referencias bibliográficas

BYUNG–CHUL HAN (Ed. 2023) *La crisis de la narración.* Editorial Herder (Barcelona, España).

CAMPS, VICTORIA (Ed. 2011) *El gobierno de las emociones.* Editorial Herder (Barcelona, España).

CIPOLLA, CARLO M. (Ed. 2013)*Las leyes fundamentales de la estupidez humana (Ares y Mares)* Editorial Crítica (España).

FREEMAN, EDWARD (2010). *Strategic Management: A Stakeholders Approach.* Editorial Cambridge University Press (Cambridge, Reino Unido).

FRIEDMAN, MILTON y ROSE (2022). *Capitalismo y Libertad.* Editorial Deusto (Barcelona, España).

JENKINS, HENRY Y FORD, SAM (2015). *Cultura transmedia: La creación de contenido y valor en una cultura en red.* Editorial Gedisa (España).

MAZZUCATO, MARIANA y COLLINGTON ROSIE (2024). *El gran engaño.* Editorial Taurus (España).

SUROWECKI, JAMES *Cien mejor que uno, la sabiduría de la multitud o por qué la mayoría siempre es más inteligente que la minoría.* Editorial Urano Tendencias (España).